긍정적인 사람이 되기 위한
강력한 **10**가지 말

TEN
POWERFUL
PHRASES
— for —
POSITIVE
PEOPLE

긍정적인 사람이
되기 위한 강력한
10가지말

리치 디보스 지음 | 황선영 옮김

아름다운 사회
Beautiful Society

이 책을 빌리 지올리(Billy Zeoli)에게 바칩니다.

가장 긍정적인 사람

내 아흔 번째 생일을 축하하는 자리에서 나는 빠르게 지나간 세월을 이렇게 표현했다.

"0에서 시속 90까지 올라가는 데 10초밖에 걸리지 않았습니다."

살아보기 전까지는 90년이 상당히 긴 시간으로 여겨진다. 사실 시간은 얼마나 빨리 흐르는가보다 우리에게 주어진 소중한 시간을 얼마나 현명하게 쓰는가가 더 중요하다.

정신없이 빠르게 지나간 지난 90년 동안 나는 단순히 운이 좋았다는 말로는 부족할 만큼 커다란 축복을 받았다. 그 점에서 나는 늘 신께 감사하고 있다. 또한 가짓수는 적지만 꾸준히 내 인생의 일부가 되어준 중요한 선물들을 보면 모든 것이 신의 뜻대로 연결되어 있음을 새삼 깨닫는다.

나는 비록 물질적으로는 풍요롭지 않았어도 사랑이 가득한 집안에서 자랐다. 가족끼리 서로 격려해주는 분위기 속에서 나는 서로를 위한 사랑보다 더 가치 있는 것은 없다는 점을 배웠고 독실한 신앙심도 얻었다. 기독교 가정, 기독교 교회, 기독교 학교에서 어린 시절을 보내는 행운을 누린 것이다.

이후에는 아내 헬렌(Helen)과 60년 넘게 결혼생활을 유지해왔고 자녀 네 명을 함께 키웠다. 아이들도 모두 짝을 만나 결혼했는데 내게는 손자손녀가 열여섯 명, 증손자손녀도 다섯 명이나 있다. 물론 나는 내게 사랑하는 가족이 있다는 사실을 한 번도 당연시한 적이 없다. 나는 가능한 한 아내, 아이들, 손자손녀들에게 그들이 내게 얼마나 소중한 존재인지 알려줄 기회를 놓치지 않으려고 노력한다.

나는 오래전부터 간단한 '말'을 활용해 긍정적인 태도를 유지하고 다른 사람들 역시 그렇게 하도록 돕는 일을 해왔다. 이것은 세상을 떠난 내 절친한 친구 빌리 지올리 덕분이다. 나 역시 말이 지닌 힘을 이미 알고 있었지만 그가 제시한 것처럼 명확하고 역동적인 방식으로 말을 접해본 적은 없었다. 나는 빌리가 내게 소개한 '말'을 아무 때나 되는 대로 쓰는 대신 계획적으로 사용하기로 했다.

이 책의 목적은 여러분 역시 긍정적인 말을 늘 가까이 두도록, 또 인생을 살아가며 다른 사람들을 격려함으로써 '삶을 풍요롭게 하는 사람'이 되도록 돕는 데 있다.

플로리다 주 포트 로더데일에 있는 코랄 릿지(Coral Ridge) 장로교

회의 D. 제임스 케네디(D. James Kennedy) 박사는 생전에 내게 이렇게 말했다.

"자네는 내가 아는 사람 중에서 가장 긍정적인 사람일세."

긍정적인 사람이 되기 위해 노력하고 있던 나는 이 말을 마음 깊이 감사하게 여겼다. 그는 내가 감사하게 생각한다는 것을 잘 알았다. 또한 내가 그가 최선을 다하도록 격려하고 그의 선행을 알아본다는 것도 알고 있었다. 사실 그것은 그리 어려운 일이 아니며 긍정적인 사람이 되기로 결심하면 누구나 할 수 있는 일이다.

처음으로 사람들 앞에서 연설하고 난 뒤 나는 우리 사회와 세상의 잘못된 부분 대신 아름다운 부분을 이야기하기로 마음먹었다. 청중의 삶이 최대한 풍요로워지도록 하고 싶었기 때문이다. 그래서 빌리가 중점을 둔 몇 가지 말에 내가 강조하고 싶은 몇 가지 말을 더해 열가지 말을 완성했다. 여러분 역시 나만큼 이 말들을 꾸준히 사용하기 바란다. 내가 진정으로 원하는 것은 여러분이 이 열 가지 말을 통해 긍정적인 사람이 되고, 나처럼 다른 사람들이 긍정적인 인생관을 갖도록 돕는 것이다. 우리 모두가 이를 실천하면 우리의 가정, 지역사회, 세상에 영구적으로 도움을 주는 진정한 변화가 찾아오리라고 본다.

이 책을 선택해준 독자 여러분에게 감사드린다. 독자 여러분이 긍정적인 사람이 되는 데 관심을 보여줄수록 나는 더욱더 힘이 난다.

이 책에 실린 열 가지 말을 익혀 가장 아끼는 사람들에게 매일 사용하기 바란다. 그중에는 입 밖으로 내기 어려운 말도 있겠지만 자꾸 연습하면 좋은 결과가 있을 것이다. 나는 우리 모두에게 더 긍정적인 사회와 세상을 만드는 데 기여할 힘이 있다고 믿는다.

아무쪼록 그런 힘을 발휘하도록 행운이 함께하길 빈다.

리치 디보스(Rich DeVos)

긍정적인 사람이 되기 위한 기술

2007년 나는 노먼 빈센트 필의 긍정적 사고 상(Norman Vincent Peale Award on Positive Thinking)을 수상하는 영예를 안았다. 1940년대 후반 평생의 친구이자 비즈니스 파트너인 제이 밴 앤델(Jay Van Andel)과 함께 뉴트리라이트(Nutrilite) 비타민을 판매하기 시작했을 때, 내가 읽은 책 중에는 필이 쓴《적극적 사고의 힘(The Power of Positive Thinking)》도 있었다. 제이와 나는 종종 뉴트리라이트의 사업자들을 위한 행사에 필을 초청해 강연을 부탁하기도 했는데 그 덕택에 필과 잘 알고 지냈다.

수줍음이 많은 필을 가르치던 그의 대학교수는 필이 자신의 능력을 믿고 신이 자신을 도울 것이라고 믿도록 격려했다. 그리고 독실한 종교생활로 믿음을 얻은 필은 '긍정적 사고'라는 개념을 창시했다.

언젠가 그는 자신이 행복하지 않은 사람들을 걱정하는 이유는 자신이 행복하기 때문이라고 말했다. 필은 사람들이 자신에게 주어진 창의력을 충분히 활용하지 못하면 사회에 불행한 사람이 늘어난다고 생각했다. 그는 그런 상황을 바꾸겠다는 결심을 했고 연설과 책을 통해 자신의 생각을 널리 알렸다.

노먼 빈센트 필의 긍정적 사고 상은 매년 '긍정적 사고의 힘을 명확히 보여줌으로써 다른 사람에게 영감을 불어넣고, 인류에 대한 믿음과 배려가 깊으며 세상의 발전을 위해 전력을 다하는' 사람에게 수여한다. 내가 정말 그처럼 의미 있게 살고 있는지는 잘 모르겠지만 이러한 표현은 내가 이 책을 쓰는 목적과 정확히 일치한다.

어린 시절 나는 대공황을 겪으면서도 상당히 밝게 자랐고 기억 속에 남아 있는 내 모습은 대체로 긍정적이다. 무엇보다 나는 다른 사람이 재능과 잠재력을 최대한 발휘하도록 영감을 주기 위해 평생 노력해왔다. 가령 나는 암웨이의 공동 창립자로서 전 세계의 수천 명에게 동기를 부여하는 메시지를 전해주었다. 내가 암웨이를 창립한 것처럼 그들 역시 자신만의 꿈을 이루기를 바랐기 때문이다. 또한 나는 내가 구단주로 있는 NBA 올랜도 매직의 선수들을 응원하는 한편, 고향인 미시건 주의 그랜드래피즈가 계속 성장하도록 돕기 위해 지역사회 지도자로 일하고 있다.

나는 긍정적인 사고와 격려가 리더십은 물론 개인 및 조직의 발전에 필수적이라는 것을 배웠다. 회사에서 직원들을 이끌거나 가정에서 자녀들을 가르치다 보면 긍정적 사고에 전염성이 있으며 이것이 변화에 반드시 필요하다는 사실을 알게 될 것이다.

내 아버지는 대공황으로 실직자가 되고 나서도 긍정적인 면모를 잃지 않았고 나를 항상 격려해주었다. 나와 제이 밴 앤델은 독립 사업자로서 개인 사업을 하는 것 외에는 별다른 관심이 없었다. 물론 사업이 늘 순조로웠던 것은 아니지만 우리는 결코 목표를 바꾸지 않았다.

한번은 우리와 함께할 사업자들이 구름처럼 몰려들 것이라 예상하고 200명을 수용할 수 있는 홀을 빌렸는데, 고작 두 명만 나타난 일도 있었다. 그래도 우리는 계속 긍정적인 태도로 일했고 상상한 것 이상으로 비즈니스에서 성공했다. 사람들은 우리가 이룬 여러 가지 성과에 축하를 보냈지만 우리는 지나온 시간을 돌아보는 데 시간을 낭비하지 않았다. 다음에 무엇을 할지 생각하느라 너무 바빴기 때문이다.

때론 분통을 터트리거나 투덜대고 싶을지도 모른다. 그러나 사람들은 긍정적인 것에 끌리고 긍정적인 길을 개척하는 사람을 따른다. 지금까지 나는 대규모 청중 앞에서 숱하게 강연을 했지만, 초창기에는 고작 회계사 마흔 명을 앞에 두고 강연을 한 적도 있다. 암웨이 창립 초기에 어느 사업자가 나를 연사로 초청했던 것이다.

나는 어떤 말을 할 것인지 고민하다가 사업 초기에 경험한 좋은 일을 떠올렸다. 그때까지 내가 참석한 여러 강연에서는 많은 연사가 청중에게 세상의 문제점을 알려 자신이 똑똑하다는 것을 과시하려는 것처럼 보였다. 그들은 그것이 자신의 명성과 자격에 어울리는 일이라고 생각하는 듯했다. 그들은 마치 '전문적인 비평가'처럼 문젯거리를 찾아냈지만 나는 마흔 명의 회계사 앞에서 비평가가 되지 않을 것이라고 밝혔다. 대신 이 나라에서 일어나는 좋은 일에 대해 이야기하겠다고 말했다.

그 강연 이후 나는 다른 강연에서도 긍정적인 메시지를 전달했고 강연을 할수록 점점 더 많은 사람이 호응해주었다. 역사적으로 사람들이 민주주의에 의구심을 품고 사회주의로 눈을 돌리기 시작하던 그 시기에 나는 청중에게 우리가 자유국가 시민으로서 누리는 여러 가지 혜택을 강조했다. 내가 강연에서 이런 주제를 고수하자 사람들이 다양한 정보를 제공하기 시작했다.

한번은 누군가가 미국과 구소련의 생활수준을 비교한 목록을 건네주었다. 그 목록을 살펴보니 왜 우리가 부정적인 태도 대신 긍정적인 태도를 취해야 하는지 분명하게 드러났다. 나는 강연 중에 그 목록을 소개했고 목록에 적힌 여러 가지 예시는 우리가 얼마나 축복받은 자유국가 시민인지 떠올리게 해주었다. 나는 청중이 자기 자신과 다른 사람에게서 좋은 점을 찾는 습관을 기르는 방법 및 이유를 누군가가 상기시켜주는 것을 고마워한다는 사실을 깨달았다.

내가 회계사 마흔 명에게 전달한 그 작은 메시지는 점점 살이 붙고 다듬어져 '셀링 아메리카(Selling America)'라는 제목의 강연으로 거듭났다. 나는 수천 명의 청중에게 그 강연을 했고 그것은 나중에 CD로 만들어졌다. 그 덕택에 나는 프리덤 재단(Freedoms Foundation)에서 수여하는 경제 교육자를 위한 알렉산더 해밀턴 상(Alexander Hamilton Award for Economic Education)을 수상하는 영광을 안았다. 나아가 시간이 갈수록 사람들이 '긍정적인 사람 되기'에 관한 이야기를 더 많이 듣고 싶어 한다는 사실도 깨달았다.

세상이 부정적인 얘기를 하는 사람으로 가득하다 보니 사람들이 긍정적인 소식에 목말라하는 것일 수도 있다. 알고 있다시피 우리는 아무 신문이나 집어 들고 독자들이 편집자에게 보낸 편지만 읽어봐도 어렵지 않게 부정적인 얘기를 찾을 수 있다. 결점을 찾아내는 것은 쉬운 일이고 이것은 인간의 본능이기도 하다. 어쩌면 우리는 모든 것을 회의적인 시각으로 바라보도록 배우고 있는지도 모른다. 실제로 '그게 사실이야!'라고 놀랄 만큼 좋은 일이 있을 경우 그것은 사실이 아닐 가능성이 크다.

나는 사람들이 긍정적인 것을 찾도록 격려하고 싶다. 이를 위해서는 약간의 에너지와 재훈련이 필요하지만 누구나 노력하면 자기 자신뿐 아니라 남을 돕는 일에서 큰 결실을 맺을 수 있을 것이다. 긍정적인 태도를 취하는 것은 엄연히 선택의 문제다. 이는 우리가 위험을 피해 안전한 길을 선택하거나 잘못된 방향으로 간다는 생각이 들 때 길을 180도 바꾸는 것이나 마찬가지다.

긍정적인 태도를 선택해 실천할 경우 그것은 곧 습관이 된다. 예를 들면 누군가를 만났을 때 그 사람이 하는 일에서 좋은 점을 발견하기 위해 열심히 경청한다. 열심히 경청할 경우 좋은 이야기가 귀에 들어오게 마련이다. 누구나 자신에 대해 조금이라도 자랑하고 싶은 심리가 작용하기 때문이다. 따라서 상대방의 이야기에 흥미를 보이고 귀를 기울이면 그 사람이 하려고 하는 좋은 일에 대해 힌트를 얻을 수 있다. 이럴 때 긍정적인 말로 호응해주면 효과적이다.

"잘할 수 있을 겁니다!"

"감사합니다!"

"당신이 자랑스럽습니다!"

긍정적인 태도를 습관화할 경우 이런 좋은 말이 입에서 저절로 흘러나온다.

긍정적인 마음자세는 우리 자신과 생각에 변화를 일으킨다. 좋은 것을 찾다 보면 자기 자신과 자신이 하는 일에 대한 생각이 긍정적으로 바뀌고, 다른 사람의 사기도 진작시킬 수 있다. 이때 자신감이 충만해지는데 이것은 다른 사람에게서 좋은 점을 찾는 간단한 습관으로 얻어진다. 자신감이 생길 경우 스스로 자신의 좋은 점을 깨달으며 다른 사람 역시 그 점을 알아채고 칭찬해준다. 이 과정은 결과적으로 큰 만족감을 낳는다.

내가 고등학교를 졸업할 때 성경을 가르쳐준 선생님이 내 졸업앨범에 짧은 격려의 말을 써주었는데, 지금도 그 한마디가 잊히지 않는다.

'하느님의 왕국에서 리더십을 발휘할 재능이 있는 단정한 젊은이에게.'

선생님이 적어준 말은 간단했지만 어린 내게 큰 힘이 되었다. 학교 성적이 좋지 않아 대학에 갈 재목이 아니라는 말을 듣던 내가 존경하는 선생님에게 '리더감'이라는 말을 들었으니 그도 그럴 만했다. 나는 스스로 나 자신을 그렇게 생각해본 적이 한 번도 없었다.

중요한 것은 간단한 말 한마디가 사람의 인생을 바꿀 수 있다는 점이다. 여러분은 주로 어떤 말을 하는가? 또 주로 어떤 말을 듣는가? 부정적인 분위기를 조성하는가, 아니면 격려하는 분위기를 조성하는가? 사람들의 사기를 떨어트리는가, 아니면 진작시키는가?

나는 삶을 풍요롭게 하는 사람, 다른 사람의 사기를 끌어올려주는 사람이 되고 싶었다. 다행히 이를 실천하는 것은 생각보다 쉽다. 간단하면서도 힘이 담긴 몇 마디 말을 사용하면 효과가 나타난다. '당신이 자랑스럽습니다', '당신이 필요합니다', '당신의 능력을 믿습니다', '사랑합니다'처럼 누군가의 인생을 바꿀 수도 있는 말을 늘 가까이두면 인생이 풍요로워진다.

이 책에서 소개하는 내용은 모두를 위한 것이지만 특히 리더가 되고자 하는 사람에게 보다 마음 깊이 다가올 것이다. 훌륭한 리더가 흔히 그렇게 하듯 긍정적인 사람이 되기 위해서는 먼저 힘이 담긴 말을 사용해야 한다. 예를 들어 회사 경영자나 교사 혹은 코치는 힘이 담긴 열 가지 말을 요긴하게 쓸 수 있다. 부모나 조부모가 아이들을 가르칠 때도 마찬가지다.

긍정적인 마음자세 덕분에 일을 효과적으로 처리한 역사적인 리더들을 떠올려보자. 우리가 기억하는 미국의 대통령들은 어려운 상황도 그럭저럭 좋아 보이게 만들었다.

제2차 세계대전이라는 가장 어두운 시기에 프랭클린 루스벨트(Franklin Roosevelt)가 들려준 노변한담(fireside chat: 따뜻한 난롯가에서 허물없이 이야기한다는 뜻으로 루스벨트 대통령이 취한 정견 발표 형식 –역주)은 결코 부정적인 이야기가 아니었다. 로널드 레이건(Ronald Reagan)은 뛰어난 이야기꾼으로 그는 어려운 쟁점을 다룰 때 항상 재미있는 이야기도 준비했다. 그 덕택에 그는 늘 청중을 웃게 만들었고 쟁점의 좋은 면을 찾아냈다. 조국을 위해 자신이 긍정적인 목표를 제시해야 한다는 것을 알고 있던 존 케네디(John Kennedy)는 "달나라로 갑시다!"라며 그 유명한 제안을 했다. 그는 미국인이 한계를 뛰어넘어 더 나은 모습을 보이길 요구했고 미국은 이 목표를 받아들여 결국 1969년 달에 첫발을 내딛는 데 성공했다.

리더는 이러한 능력을 계발하고 힘이 담긴 열 가지 말을 배우며 긍정적인 사람이 되기 위한 기술을 더욱 열심히 익혀야 한다. 우리에게 부족한 자질 중 하나가 바로 리더십이다. 우리에게는 맡은 일이 무엇이든 어려움에 맞서 일을 처리해낼 사람들이 필요하다. 사실 리더들은 대개 다른 사람들이 따를 만큼 모범적인 자질을 갖추고 있다.

사람들이 힘을 모으면 지역사회에 긍정적인 분위기를 조성할 수 있다. 실제로 내 고향 그랜드래피즈에 사는 긍정적인 사람들은 최근 다른 사람을 도와 짧은 기간 내에 눈부신 성과를 이끌어냈다. 몇 년 전 나는 고향에서 컨벤션 센터 개관식에 참석해 저녁식사 중인 청중을 상대로 연설을 했다. 그때 나는 사람들에게 우리가 얼마나 쾌적한 환경에서 살고 있는지 생각해보라고 말했다. 그날 눈이 내리는 가운데 몸이 덜덜 떨릴 만큼 추운 날씨를 견디고 있던 사람들은 아마 내 말을 듣고 깜짝 놀랐을 것이다.

내가 말한 '환경'은 날씨를 뜻하는 것이 아니었다. 나는 지역사회의 지속적인 발전을 위해 긍정적인 사람들이 함께 일하는 환경을 이야기하고 싶었다. 우리는 힘을 모아 그 멋진 컨벤션 센터를 지었는데 이를 위해 지역사회 지도자들은 비전을 제시하고 정부 및 기부자는 자금을 지원했으며 자영업자들은 숙련된 노동력을 제공했다. 그중에는 사람들이 흔히 간과하는 작은 역할을 맡은 이들도 있었다. 예를 들면 그날 저녁 봉사에 나선 사람들이 주민 2,500명에게 따뜻한 식사를 효율적으로 대접했다.

긍정적인 사람들은 국가와 세계에서도 지역사회와 마찬가지로 영향력을 행사할 수 있다. 모든 국민이 긍정적인 태도를 취하고 좋은 점을 찾는 습관을 들이며 불평하거나 남의 결점을 찾는 대신 남을 칭찬하면 극적인 사회 변화도 가능하다. 모든 사람이 서로의 사기를 끌어올리는 사회가 형성되는 것이다. 이 경우 모두가 더 열심히 일하고, 더 골똘히 생각하고, 더 많은 아이디어를 내고, 더 크게 꿈을 키우고, 더 크게 기여한다. 더불어 우리 자신과 세상에 대한 생각이 긍정적으로 변화한다.

우리가 그 누구 혹은 그 무엇에서 좋은 점을 찾지 못하면 국가와 사회는 타격을 받는다. 물론 국회의원과 대통령에게도 분명 좋은 아이디어가 있을 테고 그들도 가끔은 일을 제대로 처리한다. 그렇지만 여야를 막론하고 정치인은 대부분 상대방에게서 좋은 점을 찾아 인정하기를 어려워한다. 논쟁이나 건설적인 비판을 회피하고 서로에게 경멸적인 꼬리표를 붙이는 것은 긍정적인 말을 사용할 수 없는 문화를 발전시키는 꼴이다.

나는 《신약성서》에 실린 빌립보서(새국제성경)의 4장 7~9절을 좋아한다.

"진실이 무엇이든 고결한 것이 무엇이든 옳은 것이 무엇이든 순수한 것이 무엇이든 사랑받을 만한 것이 무엇이든 감탄할 만한 것이 무엇이든, 무언가가 훌륭하거나 칭찬할 만하다면 그것에 대해 생각하라."

모든 사람이 이 말을 새겨들으면 우리가 사는 세상은 어떤 모습으로 변할까? 이것이 바로 내가 이 책을 쓰고 싶어 한 이유이자 오늘날 긍정적인 메시지가 그토록 중요하다고 생각하는 이유다.

나는 사람들이 긍정적인 태도를 취하도록 격려해주는 간단한 방법은 '긍정적인 사람이 되기 위한 열 가지 말'을 제시하는 것이라고 생각했다. 이것은 누가 봐도 심오하거나 세상을 떠들썩하게 만들 만한 말이 아니지만 바로 여기에 그런 말의 매력이 숨어 있다. 비록 평범하고 소소한 말이긴 해도 여기에는 사람들의 인생에 깊이 있는 긍정적인 변화를 불러올 힘이 담겨 있다.

그렇다고 이 책이 단순히 열 가지 말만 다루고 있는 것은 아니다. 긍정적인 태도로 살겠다는 결심은 우리 자신뿐 아니라 지역사회, 국가, 세계도 바꿀 수 있다. 이제 우리에게는 사람과 사람 사이의 관계를 개선하고 공공의 이익을 위해 모두를 단합시킬 긍정적인 사고 및 행동이 필요하다.

인류 역사에 위대한 족적을 남긴 지도자를 비롯해 탁월한 여러 리더처럼 여러분도 자신이 속한 환경을 개선할 수 있다. 다시 말해 사람들의 사기를 끌어올리고 그들이 좋은 일을 더 많이 하도록 영감을 불어넣는 것이 가능하다. 어느 사회에든 다른 사람을 격려하고 자극하고 응원할 줄 아는 사람이 필요하다. 그런 사람들 덕분에 세상이 돌아가는 것이며 여러분도 그중 한 명이 될 수 있다.

Contents
차례

머리말 / 가장 긍정적인 사람 7
서문 / 긍정적인 사람이 되기 위한 기술 11

제 1 장   제가 틀렸습니다   27

제 2 장   미안합니다   45

제 3 장   당신은 할 수 있습니다   57

제 4 장   당신의 능력을 믿습니다   79

제 5 장   당신이 자랑스럽습니다   99

제 6 장   감사합니다   117

제 7 장   당신이 필요합니다   133

제 8 장   당신을 믿습니다   151

제 9 장   당신을 존중합니다   169

제 10 장   사랑합니다   193

감사의 말 211

긍정적인 사람이 되기 위한
강력한 10가지 말

"제가 틀렸습니다"

"I'M WRONG"
제가 틀렸습니다

열 가지 말 중에서 '제가 틀렸습니다'를 가장 먼저 다루는 이유는 입 밖으로 내기가 가장 어렵고 또 진심을 담기도 어려운 말이기 때문이다. 자신이 틀렸다는 사실을 인정하기란 쉽지 않다. 스스로 인정하기도 어렵고 남들 앞에서 인정하기는 더 어렵다. 특히 내가 아끼는 사람이나 나를 아껴주길 바라는 사람 앞에서는 더욱더 그렇다.

오래전 아내 헬렌이 백내장 수술을 앞두고 있을 때 나는 그 교훈을 깨달았다. 의사는 헬렌에게 아침에 병원에 와서 수술을 받고 당일 퇴원해도 좋다고 알려주었다. 난 잘됐다고 생각했지만 아내의 생각은 달랐다.

"아닙니다, 선생님. 저는 그렇게 서두르고 싶지 않아요. 전날 입원해서 긴장도 풀고 여유 있게 준비했으면 좋겠습니다. 눈 수술을 앞두고 아침에 일어나 급히 달려오고 싶진 않아요."

병원에서 하룻밤을 보내는 것이 싫었던 나는 내 입장만 생각해 입원하는 데 들어가는 돈과 시간에 대해 불평을 늘어놓았다. 그렇지만 아내는 자신이 원하는 대로 수술 전날 입원했다. 그다음 날 의사는 내게 손을 꼼꼼히 씻고 수술을 참관하도록 허락했다. 나는 확대 기구를 통해 의사가 수정체를 제거하고 인공 수정체를 삽입하기 위해 준비하는 과정을 지켜보았다. 그 복잡한 과정을 보면서 나는 이것이 얼마나 큰일인지 새삼 깨달았다. 그제야 나는 헬렌이 편안한 마음으로 충분히 휴식을 취해야 하는 이유를 비로소 이해했다. 나는 어리석게도 병원에 최대한 빨리 들어갔다가 빨리 나오는 편리함만 생각했던 것이다.

수술이 끝난 뒤 나는 아내에게 사과하면서 내가 틀렸고 그녀가 옳았다고 말해주었다. 사실 나는 아내에게 여러 번이나 그렇게 사과한 적이 있다. 똑똑한 아내와 달리 내가 틀렸던 적이 몇 번 더 있었기 때문이다. 그래도 그 덕택에 다른 사람의 의견에 보다 세심하게 귀를 기울이면 자신이 틀렸다고 말해야 하는 상황에 놓일 가능성이 줄어든다는 교훈을 얻었다.

'제가 틀렸습니다'라는 말은 빈말이 아니라 가슴속에서 우러나와야 의미가 있다. 이를 위해서는 자신이 틀릴 수도 있다는 사실을 받아들여야 하므로 내면에서 실질적으로 커다란 변화가 일어나야 한다. 틀리는 것은 인간의 본성이며 사람은 누구나 실수를 하므로 그것을 인정하기가 고통스러울지라도 인정하는 것이 마땅하다.

스스로 틀렸다고 인정하는 자세는 다른 사람의 삶에 긍정적인 영향을 미친다. 자신이 틀렸음을 소리 내 인정할 경우 변하고자 하는 의지를 보여주는 동시에 다른 사람 역시 변하도록 영감을 불어넣을 수 있다.

'내가 틀렸다' 혹은 '내 생각이 틀렸다'라고 인정하는 말에는 긍정적인 힘이 담겨 있다. 그 간단한 말로 상대방의 태도를 개선할 수 있기 때문이다. 실수를 시인하면 부정적인 분위기가 아닌 긍정적인 분위기가 조성되므로 틀렸을 때는 틀렸다고 솔직하게 말하는 것이 좋다.

특히 조직에서는 "아무래도 제가 틀린 것 같습니다. 지금 하신 말씀이 맞습니다"라고 인정하려 하는 사람이 거의 없다. 그러다 보니 부정적인 분위기가 감도는 조직이 아주 많다. 노조와 협상할 때, 국회에서 논쟁할 때, 가족과 둘러앉은 식탁에서 언쟁이 오갈 때 잘못을 인정하면 분위기는 어떻게 바뀔까? 내 경험상 부정적인 분위기를 상당 부분 몰아낼 수 있다.

자신이 틀렸다는 것을 누구보다 인정하기 어려워하는 사람은 바로 리더들이다. 리더는 비전을 갖추고 상황을 모든 측면에서 살펴본 뒤 남을 리드하기보다 따르는 것을 더 편하게 여기는 사람들을 위해 길을 열어주어야 한다. 그런데 안타깝게도 리더 역시 자신이 틀렸음을 인정해야 할 때가 있다.

나는 암웨이의 공동 창립자로 일하면서 이 사실을 깨닫고 깜짝 놀랐다. 내가 새로운 방식을 제시하거나 신제품을 소개하면서 가능한 한 모든 측면에서 상황을 살펴봤다고 자신할 때도 누군가는 꼭 이렇게 물었다.

"이것에 대해 생각해보셨습니까? 저것도 생각해보셨나요?"

그럴 때마다 나는 자신 있게 대답했다.

"아, 물론입니다."

그러나 솔직히 고백하건대 내가 그런 부분에 대해 생각해보지 않은 적도 있다. 나와 관점이 다른 누군가가 내가 생각하지 못해 완전히 놓쳐버린 부분을 찾아낸 것이다.

이럴 경우 우리의 선택지는 두 가지다. 하나는 실수를 인정하지 않고 자신을 방어하면서 자존심을 지키려 하는 태도다. 다른 하나는 이렇게 말하는 방법이다.

"지금 하신 말씀이 맞습니다. 제가 틀렸네요. 그 부분을 놓치고 말았습니다."

자신이 틀렸음을 인정하면 실수를 바로잡고 다른 사람과 함께 해결책을 모색할 수 있다. 실수를 인정할 경우 배움을 얻고 다른 사람의 관점을 활용할 기회도 얻는다. 안타깝게도 나는 사람들에게 의견을 구함으로써 그들에게 존경을 표하는 방법을 알지 못했다.

암웨이 설립 초기 나는 내가 틀렸음을 인정함으로써 직원들에게 의견을 구하는 일이 얼마나 가치 있는지, 허심탄회하게 의견을 나누는 회의를 정기적으로 여는 것이 얼마나 중요한지 깨달았다. 우리는 이런 회의를 '스피크 업(Speak Up, 소신 밝히기) 시간'이라고 불렀다. 나는 몇 달에 한 번씩 각 부서의 대표와 의견을 나누는 자리를 마련했는데 그때 그들은 자유롭게 질문하고 제안하고 불평할 수 있었다. 시스템 오류 같이 커다란 문제부터 자판기에 들어 있는 음식처럼 작은 문제까지 그 대상에는 제한이 없었다.

스피크 업 시간은 나도 때로 실수를 하고 또 내가 모든 질문에 대해 답을 아는 것은 아니며 그들의 의견을 존중한다는 것을 직원들에게 보여주는 기회가 되었다. 나는 스피크 업 시간에 직원들이 제안한 내용을 적극 받아들여 회사 경영에 반영했다. 그 과정에서 나는 내가 틀렸음을 인정하기도 했는데 이는 내가 회사를 경영하면서 보여준 지혜로운 행동 중 하나였다.

자신이 늘 옳다는 생각으로 고집을 부리면 가족이나 친구와 마찰이 생길 우려가 있다. 이러한 고집으로 이겨봐야 별다른 가치도 없고 오히려 나중에 돌아봤을 때 유치하기 짝이 없는 말싸움으로 번지기 십상이다.

나와 제이 밴 앤델은 50년 이상 친구이자 비즈니스 파트너로 지냈다. 만일 우리가 중요한 목표나 회사와 관련된 결정에서 의견이 일치하지 않았다면 그토록 오랫동안 사이좋게 지내지는 못했으리라. 나이가 더 많은 제이가 회사의 회장을 맡았고 나는 구성원이 두 명뿐이던 이사회의 의장을 맡았다. 우리는 회사와 관련된 결정을 내릴 때는 둘 다 동의해야 한다는 데 의견이 일치했다.

암웨이 설립 초기 나는 자존심을 내세우며 더 큰 차를 타고 싶어 했다. 우리가 후원한 사업자들(북미에서는 'IBO[Independent Business Owners]'라 하고 세계적으로는 ABO[Amway Business Owners]'라고 부른다)은 캐딜락을 타고 다닌 반면 나와 제이는 여전히 플리머스(Plymouth)와 데소토(Desoto)를 타고 다녔기 때문이다. 마침 그랜드래피즈 시내에서 일하는 어느 자동차 딜러에게 내가 몹시 갖고 싶어 하던 우아하고 아름다운 패커드(Packard) 한 대가 있었다. 나는 제이의 의견을 묻지 않고 그 패커드를 회사차로 구입했다. 결국 나는 제이에게 사과했지만 그는 너그럽게 넘어갔다.

"괜찮아. 네가 결정을 내린 거잖아. 즐거운 마음으로 타."

일은 내가 원하는 대로 마무리되었으나 나는 우리 둘 다 자본 지출에 동의해야 한다는 사내 규정을 어긴 셈이었다.

한번은 어떤 중대한 결정을 두고 우리 둘 사이에 마찰이 일어났다. 1980년대 초에 오픈한 암웨이 그랜드 플라자 호텔(Amway Grand Plaza Hotel)의 꼭대기 층에 있는 레스토랑 드레스 코드를 두고 예상외의 말다툼을 벌인 것이다. 우리가 함께 일하면서 내린 작은 결정 중 하나인 이것은 큰 마찰을 빚는 계기가 되고 말았다.

그랜드래피즈에 처음 생긴 분위기 있는 레스토랑 '시그너스(Cygnus)'는 시내가 내려다보이는 우리의 새 호텔 타워 26층에 있었다. 문제는 남자 손님들의 드레스 코드를 딱딱하게 양복 상의와 넥타이를 착용하는 쪽으로 갈 것인지, 아니면 좀 더 자유로운 분위기를 선택해 손님을 더 많이 끌 것인지에 있었다. 긴 세월 동안 함께 일한 우리 둘 중 누군가가 거부권을 행사한 것은 그때가 처음이었다. 다행히 우리의 우정은 탄탄했고 시그너스에 관한 결정은 사소한 해프닝으로 넘어갔다.

사실은 이보다 훨씬 더 사소한 일로 친구뿐 아니라 가족과의 관계까지 어긋나는 경우도 많다. 자신이 틀렸음을 인정하는 것은 자존심이 상하는 일이라고 여기는 사람이 많기 때문이다. 많은 사람이 자신의 실수를 인정하는 말을 입 밖으로 꺼내는 것에 상당히 어려움을 느낀다.

하지만 나이가 들면 그런 말을 하는 것이 조금은 쉬워진다. 실수한 일보다 성취한 일이 더 많아 마음이 여유롭고 젊은 시절처럼 연약하거나 쉽게 위협을 받지 않는 까닭이다. 나이든 사람은 이미 실수를 많이 저질러본 상태라 자신이 완벽과는 거리가 있음을 인정할 줄도 안다.

젊고 한창 자리를 잡으려고 노력할 때는 실수를 인정하길 두려워한다. 그러나 실수를 인정하는 자세는 자신과 다른 사람에게 해방감을 주며 이는 정신적인 성숙도를 나타내는 척도이기도 하다. 실수를 인정한다는 것은 그만큼 강인하다는 것을 의미한다. 겸손할 줄 알고 자신이 틀렸음을 인정할 정도로 쓸데없이 자존심을 내세우지 않는다는 증거이니 말이다.

겸손은 분명 미덕이다. 모든 것을 다 아는 듯 잘난 체하는 사람은 아무도 좋아하지 않는다.

'제가 틀렸습니다'라고 말하는 것은 치유 과정의 첫걸음이기도 하다. 아이가 허락 없이 쿠키가 담긴 병에 손을 넣었다가 들켰을 때 가장 먼저 하는 행동은 무엇일까? 자기합리화를 하면서 잘못된 행동을 부인하고 자신을 방어하며 변명을 늘어놓는 일이다. 어른도 아이처럼 자기 자신이나 다른 사람에게 실수를 인정하기보다 자기 행동을 적극 변호하는 경우가 많다.

그렇지만 사실을 부인하고 자기합리화를 하는 것은 피곤하고도 의미 없는 행동이다. 자기 행동을 변호하는 대신 다른 사람과의 관계를 치유하는 데 중점을 둘 때 우리는 비로소 성장할 수 있다. 살면서 누구나 실수한다는 점을 이해하면 자신이 틀렸을 때 마음이 덜 불편하다. 스스로 틀렸다는 사실을 인정하는 것은 우리가 자신도 모르게 다른 사람에게 안겨주었을지도 모를 상처를 진정으로 치유하는 길이다. 실수를 인정하지 않을 경우 사람들은 우리에게 오랫동안 나쁜 감정을 품고, 나아가 완전히 치유되지 않을지도 모르는 상처만 커지고 만다.

누구나 실수할 수 있음을 부인하는 것은 자만과 갈등으로 이어질 뿐이다. 우리는 완벽하지 않으며 완벽해야 할 의무도 없다. 완벽주의자는 모든 행동을 완벽하게 해내야 한다는 의무감에 시달린다. 과연 누가 그렇게 높은 기준을 충족시킬 수 있을까? 실수는 피할 수 없음을 인정하고 실수했을 때 웃는 법을 배워라. 자존심을 내세우면 앞으로 몇 발밖에 나아가지 못하지만 진실함과 겸손함으로 무장하면 성공의 길에 보다 가까이 다가갈 수 있다.

실수를 인정할 경우 정신뿐 아니라 신체 치유에도 도움이 된다. 의학계는 우리의 신체와 정신 사이에 상당히 밀접한 관계가 있다는 증거를 끊임없이 발견하고 있다. 나는 의사는 아니지만 자신을 방어하기 위해 애쓰는 것보다 잘못을 인정하는 편이, 다른 사람에게 계속 나쁜 감정을 품기보다 그 사람을 용서하는 편이, 결점을 비롯해 자신의 모든 면을 받아들이는 편이 우리의 신체 건강을 해칠지도 모르는 불안감과 절망감을 줄이는 데 훨씬 더 좋을 거라고 본다.

항상 옳아야 한다는 부담감과 다른 사람이 우리의 실수를 나쁘게 볼지도 모른다는 두려움에서 벗어나야 신체적·정신적으로 더 건강해질 수 있다. 그래서 나는 내가 틀렸을 때 그것에 대해 적극 이야기하려 노력한다. 나는 내 실수를 결코 조용히 넘어가지 않는다. 다른 사람이 옳고 내가 틀렸다는 사실을 공개적으로 인정하는 것이다. 다른 사람에게 그가 옳다는 것을 말해주는 것도 내가 틀렸다고 말하는 것만큼이나 중요하다는 사실을 잊지 말자.

사람들은 대체로 남의 실수를 용서할 줄 알고 때로는 실수 자체를 잊기도 한다. 우리 역시 다른 사람이 틀렸을 때 용서해서 그들의 너그러움에 보답할 수 있다. 내 주위에서 이런 인품을 갖춘 최고의 본보기는 미국의 제38대 대통령 제럴드 R. 포드(Gerald R. Ford)다. 2006년 크리스마스 다음 날 포드 대통령이 타계했을 때 나는 친구를 잃었고 미국은 존경하던 리더를 잃었다.

제럴드 포드는 내 고향인 미시건 주 그랜드래피즈에서 자랐다. 그는 전국 선수권 대회에서 활약한 미시건대학교 미식축구팀 스타였고 오랫동안 주(州)의 하원의원으로 활동하기도 했다. 나는 친구이자 이웃이 미국의 대통령이 되었다는 소식을 들었을 때 뛸 듯이 기뻐했고 그가 몹시 자랑스러웠다.

그런 포드가 사망하고 고향에서 그의 장례식을 거행할 때 나는 큰 슬픔에 잠겼다. 포드의 죽음을 다룬 뉴스는 그가 대통령으로 일하는 동안 신의 인도에 의지한다고 밝혔을 만큼 겸손한 사람이었음을 잘 보여주었다. 그의 진실함과 독실함이 가장 빛난 순간은 미국의 제37대 대통령 리처드 닉슨(Richard Nixon)을 사면할 때였다. 포드 대통령은 이 사면을 단행하면 1976년의 대선 행보에 지장이 생길 가능성이 크다는 것을 알았지만 자신이 옳다고 믿는 대로 행동했다.

국민에게 닉슨의 사면에 대해 설명하는 연설에서 포드는 우리가 다른 사람에게 정의와 자비를 보여줄 수 없다면 우리도 신이 우리에게 정의와 자비를 보여주길 기대할 수 없다고 말했다. 그는 조국을 치유하기 위해 정치적·개인적인 이득을 뛰어넘어 닉슨을 용서하고 그의 잘못을 잊기로 결심했다. 국가의 미래가 전 대통령의 운명보다 훨씬 더 중요하다는 사실을 대다수 국민에 앞서 먼저 깨달은 것이다.

누군가를 용서하는 대신 미워하는 것은 에너지를 낭비하는 꼴이다. 남뿐 아니라 스스로를 용서할 줄 아는 것도 중요하다. 우리가 속죄하면 신은 어떤 죄든 용서해준다는 사실을 잊지 말자. 나는 종종 포드 대통령이 조국을 치유하고 싶은 간절함과 국가의 발전을 위한 마음으로 백악관 집무실에 앉아 있는 모습을 상상한다. 그는 대통령이자 크리스천으로서 사면을 통해 과거를 뒤로하고 앞을 내다보는 것만이 유일한 선택이라는 결론에 이르렀으리라.

우리도 그와 똑같이 선택할 수 있다. 다른 사람에게 품는 나쁜 감정이나 과거의 실수로 인한 죄책감보다 긍정적인 미래가 훨씬 더 중요하다.

나는 연설할 때 "저는 그저 신의 은총을 입은 죄인일 뿐입니다"라는 말로 나 자신을 소개하는 경우가 많다. 이 말을 처음 쓴 것은 약 20년 전의 일이다.

어느 날 나는 디트로이트의 한 호화 호텔에서 진지한 사업가들을 대상으로 성공적인 비즈니스에 관해 연설을 했다. 그 자리에 모인 사람들은 대개 내가 이룩한 비즈니스 성과 외에는 나에 대해 아는 것이 거의 없었다. 사회자는 내가 세계적인 기업을 성공적으로 설립한 것, 내 수상내역, 이사회 의장 역임, 명예 박사학위 취득 등을 언급하며 나를 화려하게 소개했다. 그 소개가 어찌나 장황했던지 도무지 끝날 것 같지가 않았다.

마침내 연단에 올랐을 때 나는 너그러운 소개에 감사한 뒤 청중에게 내가 실제로 어떤 사람인지 알아야 한다고 설명했다. 나는 나를 "그저 신의 은총을 입은 죄인"일 뿐이라고 소개했고, 이후 나는 그 말을 버릇처럼 사용했다. 신앙심을 내 인생의 가장 중요한 자산으로 여기기 때문이다.

내가 미시건 주에서 어린 시절을 보낼 때 겨울이 오면 늘 폭설이 내렸다. 가로등 불빛까지 거의 다 가려버린 눈이 바람에 날려 길에 차곡차곡 쌓이던 모습이 지금도 떠오른다. 아침에 일어나면 온 세상이 반짝이는 하얀 가루로 뒤덮여 있었다.

갓 내린 순수한 눈을 보면《시편》의 작가가 왜 하느님에게 죄에 대한 용서를 구할 때 자신을 눈처럼 다시 하얗게 정화해달라고 부탁했는지 이해가 간다. 아침 햇살에 반짝이는 갓 내린 눈만큼 하얀 것은 상상하기 어렵지만 우리에게는 신이 은총을 베풀어 우리를 눈보다 더 하얗게 정화해줄 것이라는 믿음이 있다.

'제가 틀렸습니다'라는 말은 긍정적인 사람이 되는 데 큰 도움을 준다. 이 말 한마디로 껄끄러운 관계가 덜 불편해지고 협상에 진전이 생기며 말다툼을 그치는 한편 치유 과정이 시작되기 때문이다. 심지어 원수 같던 사람들이 친구가 되는 경우도 있다.

물론 자신이 틀렸다고 인정하는 것은 대다수에게 위험 부담을 안겨준다. 실수를 인정했다가 자신의 권위, 신빙성, 위상이 위협을 받을지도 모르는 까닭이다. 그러나 삶에서 얻을 만한 가치가 있는 것을 얻으려면 대체로 위험 부담을 감수해야 한다.

나는 강연 중에 위험 부담을 감수하는 일을 설명할 때 요트를 탔던 경험을 자주 언급한다. 육지에 가만히 선 상태로는 배를 타는 방법을 절대로 익힐 수 없다는 얘기를 하기 위해서다. 제2차 세계대전이 끝난 지 얼마 되지 않았을 때 제이와 나는 벤처 기업을 팔고 오래된 나무 요트 한 척을 구입했다.

당시 우리는 코네티컷에서 출발해 해안을 따라 남미까지 갈 계획이었다. 하지만 우리는 둘 다 항해를 해본 경험이 없었고 결국 바다에서 길을 잃고 배까지 좌초되는 시련을 겪었다. 한번은 얼마나 항로를 벗어났던지 연안 경비대가 우리를 찾느라 애를 먹기도 했다. 물이 새던 배는 쿠바 해안에서 완전히 가라앉았지만 우리는 남미행을 포기하지 않았다. 덕분에 우리는 위험 부담을 감수하고 자신 있게 앞으로 나아가는 것과 관련해 값진 교훈을 얻었다. 만약 필요하다고 생각하는 만큼 지식과 경험이 쌓일 때까지 기다리면 결코 위험 부담을 감수하거나 목표를 달성할 수 없을 것이다.

암웨이가 처음 미국을 벗어나 호주로 사업을 확장했을 때 제이와 나는 큰 위험 부담을 감수했다. 당시 나는 우리 사업자들을 상대로 '사방에서 부는 바람(The Four Winds)'이라는 제목으로 연설을 했다. 내가 전하려 한 메시지는 바람은 동서남북 사방에서 불어온다는 것이었다. 어떤 날은 바람이 등 뒤에서 불어와 앞으로 나아가는 데 도움을 주지만 또 어떤 날은 얼굴로 불어와 앞으로 나아기가 어렵다.

성공은 다양한 방향에서 불어오는 바람을 어떻게 이겨내느냐에 달려 있다. 그때는 내가 미시건 호(湖)에서 한창 배를 타던 시절이었다. 서풍이 잔잔하게 불어오면 나는 바람을 등에 업고 배를 탔다. 간혹 동풍이 불 때도 있었는데 그런 날은 예측할 수 없는 특이한 날씨가 찾아오리라는 것을 알았다. 습한 날씨가 이어진 뒤 한랭전선의 영향으로 북서풍이 불면 호수는 부글부글 끓었다. 그럴 때는 배를 능숙하게 조작할 줄 알아야 하며 만약 그럴 자신이 없으면 얼른 뭍으로 돌아와야 한다.

나는 바람이 어떤 방향에서 불어오든 희망의 끈을 놓지 않는다. 바다에 나갈 경우에는 보통 바람 때문에 어려운 일을 겪기도 한다. 인생도 마찬가지다. 어려운 상황, 즉 환경 변화는 우리를 무너뜨릴 수도 있고 발전시킬 수도 있다. 우리가 인생을 잘 살고 있는지 결정하는 척도는 좋은 날이 아니라 어려운 날을 어떻게 극복하는가에 있다.

악천후 속에서 배를 타는 사람은 돛을 조절해 위기에서 벗어나고자 한다. 마찬가지로 실수를 해서 어려운 순간에 봉착하면 생각하는 방식을 바꿔야 한다. 실수를 인정하고 상대방과 일을 잘 해결하도록 최선의 방책을 강구해야 하는 것이다.

용기를 내 '제가 틀렸습니다'라고 말하는 것이 곧 어려운 상황에 맞서는 방법이다. 비록 위험 부담은 따르지만 이 말 한마디로 우리는 많은 것을 얻을 수 있다. 물론 이 말을 입 밖으로 내기 전까지는 그 사실을 절대 알 수 없다.

이제 나는 실수를 인정하지 않고 고집을 부리다가 가족이나 친구들과 관계가 틀어지는 일이 거의 없다. 그들에게 별다른 어려움 없이 "내가 틀렸어. 네 말이 맞아. 정말 미안해. 용서해줘"라고 말할 수 있기 때문이다.

인생은 아주 짧다. 간단하게 몇 마디 말로 상처를 치유하고 인간관계를 회복시키지 못할 만큼 자존심이 너무 센 사람도 없고 또 너무 약한 사람도 없다.

'제가 틀렸습니다'라는 말은 우리의 태도를 바꿔준다. 긍정적인 사람이 되는 방법을 찾으면 그만큼 건강한 인간관계의 이점도 누릴 수 있다. 물론 자신의 실수를 깨닫는 것은 어려운 일이고 그것을 다른 사람 앞에서 인정하기란 더욱더 어려운 일이다. 그래도 우리는 모두 마음속 깊이 그 교훈을 받아들여야 한다.

여러분이 틀렸다는 사실을 알면서도 자기 자신이나 다른 사람에게 솔직하게 인정하지 않은 적이 있는가? 만일 상대방에게 "제가 틀렸고 당신의 말이 맞습니다"라고 말한다면 어떤 일이 벌어질까? 한번 직접 시험해보자. 입을 떼는 것은 생각만큼 어렵지 않으며 하면 할수록 더 쉬워진다.

"미안합니다"

"I'M SORRY"
미안합니다

　　　　　　　　　　　'제가 틀렸습니다'라고 말할 때는
진심으로 미안한 마음을 동반해야 한다. 실수하는 과정에서
누군가에게 상처를 주었을지도 모르므로 실수를 기계적으로 인정하
면 안 된다. 단순히 내가 틀렸고 네가 옳다고 말하는 것만으로는 부
족하다.

　누군가를 부당하게 대하는 바람에 그 사람이 상처를 입었다면 자
신이 한 일에 대해 진심으로 사과해야 한다. 이때 보통은 자기 입장
을 고수하기 십상이지만 미안하다고 말하면 놀랍도록 많은 문제가
사라진다. 분노와 나쁜 감정이 눈 녹듯 사라지기 때문이다. 자신의
결점을 인정하고 싶지 않아서 혹은 자기 위상에 타격을 입거나 자존
심이 상해서 사과하지 않는 것보다 사과하고 나서 얻는 긍정적인 영
향이 훨씬 더 크다.

우리 집 막내아들 더그는 청소년 시절에 내가 '힘이 있는 열 가지 말'에 대해 강연하는 것을 여러 번 들었다. 강연 내용 중에는 말다툼을 끝내기 위해 '제가 잘못했습니다. 죄송합니다'라고 말하는 것의 유용함에 관한 이야기도 있었다. 나는 강연을 하면서 이렇게 설명했다.

"'제가 잘못했습니다. 죄송합니다'라고 말하면 말다툼이 순식간에 끝나서 좋습니다. 누군가가 잘못을 인정하고 사과하는데 더 이상 할 말이 뭐가 있겠습니까?"

그러던 어느 날 더그가 통금 시간이 지나도록 집에 돌아오지 않았다. 나는 잠을 이루지 못하고 아들을 기다렸는데 시간이 흐를수록 걱정이 산더미처럼 커져갔다. 작정을 하고 기다린 나는 아들이 문을 열고 들어오기만 하면 아주 혼쭐을 내줄 생각이었다. 마침내 문이 열리고 더그가 집 안으로 살금살금 들어왔다. 나를 본 더그는 시간이 꽤 늦었다는 것도, 내가 많이 화가 난 것도 알고 있었다. 더그는 변명을 늘어놓지 않고 곧바로 사과했다.

"아빠, 제가 잘못했어요. 죄송해요."

나는 머리끝까지 화가 나 있었지만 아무것도 문제 삼지 않았다. 더그가 자기 잘못을 인정하고 사과까지 한 마당에 더 이상 무슨 말이 필요하겠는가? 더구나 아들은 적어도 그 순간만큼은 진심으로 잘못을 뉘우치는 것처럼 보였다!

사실 '제가 틀렸습니다'와 '미안합니다'는 한 쌍으로 이것은 사과할 때 상대방을 치유하는 힘이 있다. '미안합니다'는 '제가 틀렸습니다'와 함께 쓸 때도 있고 단독으로 쓰이기도 한다. 또한 이 말은 '제가 틀렸습니다'와 마찬가지로 입 밖으로 내기 어려우며 경험을 통해 배워야 한다.

특히 '미안합니다'는 정치인과 연예인이 배워두면 좋다. 유명인이 경솔한 행동이나 실수에 대해 공개적으로 사과하는 모습을 마지막으로 본 것이 언제인가? 그들은 사과하기보다 자신의 입장을 해명하는 데 더 능숙하다. 거짓말이 들통 나거나 추문에 휘말린 대통령과 국회의원부터 범죄 혹은 사회적으로 용납하기 어려운 일을 저지른 연예인·운동선수에 이르기까지 좀처럼 쉽게 사과하는 공인을 찾기가 어렵다.

자기합리화를 하거나 변명을 늘어놓는 모습은 자주 볼 수 있어도 그들에게 '미안합니다'라는 이 간단한 말을 듣는 일은 드물다. 커리어를 살리기 위해 최후의 몸부림을 칠 때가 아니면 말이다. 공인이 자진해서 진심을 담아 즉각 사과할 경우 대중은 그의 겸손함을 높이 사고 그와 공감할 가능성이 크다. 심지어 그를 용서하고 그의 잘못을 금방 잊기도 한다.

'미안합니다'라는 단 한마디 말로 나쁜 내용이 담긴 기사가 끝없이 쏟아져 나오는 것을 막을 수도 있다. 반대로 자신을 방어하고자 사건을 은폐하고 상대방을 탓하며 책임을 회피하면 사회적으로 부정적인 분위기를 조장하고 만다. 이것은 긍정적인 자세가 아니라 부정적인 자세다.

오늘날 우리는 정치를 책임지는 리더들에게서 부정적인 자세를 쉽게 찾아볼 수 있다. 국민의 한 사람으로서 정부를 쭉 지켜본 내 경험에 따르면 정치인은 더 이상 건전한 토론에 관심이 없고 무조건 일을 자기 방식으로 처리하려 한다. 쟁점에 관해 상대방에게도 분명 좋은 아이디어가 있을 텐데 말이다. 정치인은 다른 사람의 관점을 높이 평가할 줄도 알고 좋은 법률을 제정하도록 타협할 의지도 갖추고 있어야 한다.

'미안합니다'라고 말한다는 것은 곧 상대방의 관점을 이해한다는 뜻이다. 또한 다른 사람과 좋은 관계를 지속하길 원하고 그들에게 손을 내밀거나 그들의 장점을 알아볼 만큼 겸손하다는 의미이기도 하다. '사과'는 우리가 다른 사람의 감정에 공감할 때 할 수 있는 의식적인 결정이다. 사과하는 행동을 잘못을 인정하는 내 관점에서만 생각하지 않고 그것이 상대에게 미칠 긍정적인 영향까지 고려하기 때문이다.

1980년대 후반 나는 월트 디즈니의 말에 감명을 받아 그 내용을 어느 강연의 주제로 활용하기도 했다. 디즈니에 따르면 세상에는 세 가지 부류의 사람이 있다고 한다. 우물에 독을 타는 사람, 잔디를 깎는 사람, 삶을 풍요롭게 하는 사람이 그것이다.

우물에 독을 타는 사람은 다른 사람을 비판하고 그들의 사기를 진작시키는 것이 아니라 오히려 떨어뜨리려 한다. 잔디를 깎는 사람은 일을 하고 세금을 내고 가족을 돌보지만 다른 사람을 돕기 위해 앞마

당을 벗어나지는 않는다. 삶을 풍요롭게 하는 사람은 따뜻한 말과 친절한 행동으로 다른 사람에게 긍정적인 영향을 주고 세상의 발전에 기여한다.

강연의 끝부분에 나는 엘리자베스 밸러드(Elizabeth Ballard)가 1976년에 쓴 '톰슨 선생(Miss Thompson)'의 이야기를 읽어주었다. 이 이야기는 찰스 스윈돌(Charles Swindoll)의 《그리스도를 닮기 위한 영감의 사색(The Quest for Character)》에 나오는데 간단히 소개하면 교사인 톰슨 선생과 한 남자아이에 관한 내용이다. 가정환경이 좋지 않은 그 아이는 신경을 써주는 사람도, 사랑해주는 사람도 없었고 학교 성적도 나빴다. 그의 성적과 단정치 못한 외모를 본 톰슨 선생은 크리스마스에 특별한 일이 일어나기 전까지는 그에게 관심을 보이지 않았다.

다른 아이들이 톰슨 선생에게 부모가 사준 새 물건을 크리스마스 선물로 내놓을 때 그 아이는 가짜 다이아몬드가 박힌 조잡한 팔찌와 엄마가 생전에 쓰던 싸구려 향수를 선물했다. 다른 아이들은 그가 내미는 선물을 보고 깔깔 웃기 시작했다. 하지만 톰슨 선생은 그들이 웃음을 멈추도록 팔찌를 차고 향수도 뿌렸다. 그리고 아이에게 선물이 무척 마음에 든다고 말했다.

그날 저녁 톰슨 선생은 기도를 올리며 참회했다. 아무에게도 사랑받지 못하는 듯한 그 아이에게 무관심했던 자기 행동에 대해 용서를 구하고 앞으로 그 아이의 좋은 점을 찾기 위해 노력하겠다고 맹세한 것이다. 이후로 두 사람은 가깝게 지냈고 아이는 나중에 의사가 되었다. 그리고 결혼식을 올리던 날 아이는 엄마가 살아 있었다면 앉았을 자리에 톰슨 선생을 초대했다.

톰슨 선생 이야기는 착한 사마리아인 이야기처럼 우리에게 곤경에 처한 사람을 도울 의무가 있음을 상기시킨다. 톰슨 선생의 이야기가 특별한 이유는 이런 경우가 흔치 않기 때문이다. 사람들은 대체로 도움을 필요로 하는 사람을 못 본 체한다.

우리는 긍정적인 태도와 말로 사람들과 교감할 수 있다. 즉, 우리의 입장을 고수하고 남을 탓하거나 비판하는 대신 상대방과 공감하는 한편 자만하지 않고 겸손한 모습을 보일 수도 있다. 이것이 바로 '미안합니다'라고 말하는 것이 중요한 이유다.

설령 틀리거나 잘못한 것이 없더라도 우리는 유감을 표해야 하는 상황을 많이 접한다.

"사랑하는 사람을 잃은 것을 유감스럽게 생각합니다."

"몸이 좋지 않다고 들었습니다. 정말 유감입니다."

"승진하려고 열심히 노력했는데 결과가 좋지 않아 안타깝습니다."

상(喪)을 당한 사람에게 조의를 표하고 어려움에 처한 사람을 측은히 여기는 것은 우리가 타인과 공감하는 것은 물론 겸손할 줄도 안다는 사실을 보여준다.

자녀나 손자손녀가 실망스러운 일을 겪었을 때도 안타까운 마음을 드러내 도움을 줄 수 있다. 어른이 보기에는 별일 아닐지 몰라도 자기 능력을 인정받거나 창피한 상황을 모면하고 싶어 하는 아이에게는 그 일이 큰 상처가 되기도 한다.

나는 가끔 아이의 기분이나 태도를 보고 아이에게 그날 속상한 일이 있었다는 것을 눈치 채곤 한다. 모든 아이가 원하는 스포츠 팀에 들어가거나 학교 공연에서 주인공 역할을 따낼 수는 없다. 그럴 때는 아이를 품에 안고 이렇게 말하는 것이 좋다.

"정말 안타깝구나. 그래도 열심히 노력한 네가 자랑스럽다. 계속 노력하면 언젠가는 해낼 수 있을 거야!"

우리는 행사에 참석하지 못하거나 누군가의 부탁을 들어주지 못할 때도 '미안합니다'라는 말을 한다. 이때는 보통 내가 하지 못하는 일에 대해 미안한 마음을 전한다.

"초대해준 파티에 참석하지 못해 미안합니다."

"어제 저녁을 함께 먹지 못해 정말 죄송합니다."

상대방을 아끼고 존경하는 마음을 담아 "그곳에 가지 못해 미안합니다"라고 말할 줄 알아야 한다. 내게는 일 년 내내 참석해야 하는 손자손녀들의 행사가 아주 많은데 더러는 직접 참석하지 못해 사과하기도 한다.

내 일과표를 출력하면 그날 해야 하는 여러 가지 일의 맨 위쪽에 손자손녀들의 행사가 적혀 있다. 행사에 참석하지 못할 때면 손자손녀들에게 전화하거나 카드를 보내 내가 그들을 생각하고 있음을 알린다. 즉, 내가 그들을 자랑스러워하는 마음과 시간을 함께 보내지 못해 미안한 마음을 전한다. 그러면 사과를 하면서 손자손녀들과 이야기할 기회도 얻는다. 이때 '미안하다'라고 말하는 것은 아이들이 어떤 활동을 하고 있는지 내가 알고 있다는 뜻이기도 하다. 이렇게 나는 행사에 불참하더라도 내가 손자손녀들과 마음으로나마 함께하고 있으며 실제로 참석하지 못해 미안하다는 것을 알린다.

우리는 자기 자신이나 다른 사람에게 과거에 저지른 실수 및 판단 착오도 시인할 줄 알아야 한다. 기회를 놓쳐 후회하고 있거나 최선을 다하지 못했을 때도 마찬가지다. 나는 개인적으로 회사가 성장하고 있을 때 자유와 자유기업체제를 좀 더 적극적으로 옹호하지 않은 점이 유감스럽다. 어쩌면 다른 사업가들도 나와 비슷한 심정일지도 모른다. 지금 우리가 누리는 자유와 자본주의 경제의 기초인 자유기업체제를 보호하는 일을 게을리 했다가는 나중에 큰코 다칠지도 모를 일이다. 미국은 서서히 다시 사회주의로 눈을 돌리는 분위기다. 그래서 나는 제이와 함께 당시에 더욱 적극적으로 나서지 않은 것을 후회한다.

설령 어떤 일에 성공하지 못하더라도 나중에 유감을 느끼기보다 노력해보는 것이 더 낫다. 일에 성공하지 못해도 값진 경험을 얻고 생각의 폭을 넓히며 예상보다 많은 것을 이룰지도 모르기 때문이다. 한때 레스토랑을 운영한 제이와 나는 결국 그 사업에서 실패했지만 적어도 두 가지 교훈을 얻었다. 하나는 레스토랑을 운영해 돈을 버는 것은 무척 어려운 일이라는 점이고, 다른 하나는 요식업이 우리에게 어울리지 않는다는 점이다. 물론 모험을 해보는 것도 좋지만 그 후에는 깨끗이 잊어야 한다.

남에게 사과를 하려면 다른 사람의 관점에서 상황을 살펴볼 줄 알아야 한다. 물론 이를 위해서는 다른 사람에게 관심을 기울여야 한다. 자신과 성향이 전혀 다른 사람일지라도 말이다.

나는 종종 사람들과 잘 어울린다는 말을 듣는데, 이는 그저 사람을 좋아하고 그들을 이해하기 위해 노력하며 관심을 보이는 동시에 그들의 관점에서 생각할 줄 안다는 의미다. 사람들과 그들이 처한 상황을 이해하지 않고는 진심으로 미안하다고 말하거나 안타까운 마음을 전할 수 없다.

암웨이 그랜드 플라자 호텔에 묵을 때면 나는 직원들을 찾아가 인사하고 그들의 노고에 고마움을 표한다. 올랜도 매직 농구팀이 경기를 시작하기 전에 암웨이 센터에서 일하는 직원들과 담소를 나누는 것도 나는 좋아한다. 사람들은 내가 옆집에 사는 이웃부터 병원 대기실에서 진료를 기다리는 환자에 이르기까지 모두와 쉽고 빠르게 친해져 이야기를 나누는 것이 신기하다고 말한다.

내 손자손녀들은 우리가 타히티 근처에 있는 마키저스 제도(Marquesas Islands)로 떠났던 휴가를 결코 잊지 못할 것이다. 나는 그곳에서 해변의 오두막에 사는 한 남자와 친해졌다. 그는 활짝 웃는 모습이 인상적이었는데 이빨이라고는 단 두 개밖에 없었다. 그는 섬에 대해 잘 알았고 나는 외진 지역에 있는 폭포까지 우리를 데려다줄 가이드로 그를 고용했다. 그의 도움이 아니었다면 그 섬에서 가장 황홀한 광경을 자랑하는 그 폭포를 구경하지 못했을지도 모른다. 만약 내가 낯선 사람과 친해지려 노력하지 않았다면 그처럼 멋진 경험을 할 수 있었을까? 아마 아닐 것이다.

'미안합니다'라는 말에는 치유하는 힘도 있다. 이 말은 우리가 진심으로 화해하거나 위로하고 싶어 하는 마음을 상대방이 알게 해준다. 누구에게나 자신이 틀렸을 때 말다툼을 하고 나서 용기를 내 '미안하다'고 말한 일, 장례식장에서 사랑하는 사람을 잃은 친구에게 적절한 말을 해주기 위해 고민한 일, 불합격 통지서를 받고 자신감을 잃은 친구를 위로해준 일이 있을 것이다.

살다 보면 '미안합니다' 혹은 '유감입니다'라는 말이 강력한 힘을 발휘하는 때를 만나기도 한다. 이런 말을 하기가 쉽지는 않겠지만 습관이 들면 자신의 삶뿐 아니라 다른 사람의 삶도 풍요롭게 만들어준다. '미안합니다'라는 말이 자연스럽게 흘러나올 정도로 습관화할 경우 자신이 틀렸을 때 또는 남에게 상처를 주었을 때 자기합리화를 하거나 변호할 필요를 느끼지 못한다. 그보다 더 좋은 미안하다는 말 한마디면 충분하기 때문이다.

사과를 하면 침묵으로 인한 양심의 가책에서 벗어나는 것은 물론 상대방의 삶을 더욱 풍요롭게 할 수 있다. 더불어 '미안합니다'라는 말에는 상대방을 걱정하는 마음과 틀어지거나 끝날 가능성마저 있던 인간관계를 회복하고자 하는 바람이 담겨 있다.

"당신은 할 수 있습니다"

"YOU CAN DO IT"
당신은 할 수 있습니다

최근 나는 어느 대학교 만찬에 참석했는데 그때 한 여학생에 내게 질문을 했다.

"저 같은 청년들이 알아야 할 가장 중요한 것은 무엇인가요?"

나는 이렇게 대답했다.

"'나는 할 수 있다'라는 신조로 세상을 살아가야 합니다. 하고 싶은 일이 무엇이든 당신은 해낼 수 있습니다."

그녀는 놀라는 눈치였다. 어쩌면 그녀에게 그런 이야기를 해준 사람이 아무도 없었는지도 모른다. 나는 그날 젊은 학생에게 긍정적인 영향을 줄 기회를 얻은 것에 감사했다.

'나는 할 수 있다'라는 말은 내 인생에서 결정적인 역할을 해왔다. 이 말의 힘을 가장 잘 보여주는 방법은 내가 이 말의 도움을 받은 경험을 들려주는 것이다. 나는 성장기에 아버지가 늘 '잘할 수 있을 거야'라고 격려해준 것을 행운으로 여긴다.

이후 나는 세계 곳곳에서 성공을 향해 나아가는 암웨이 사업자들에게 동기를 부여하기 위해 이 말을 자주 사용했고, 결국 이 말로 유명해졌다. 나는 이 말을 내 자녀, 손자손녀, 증손자손녀뿐 아니라 내가 아끼는 다른 사람에게도 자주 들려준다. 그들이 잠재력을 발휘하는 모습을 보고 싶기 때문이다. '나는 할 수 있다'라는 말은 우리 집 가훈처럼 쓰였고 나는 이 말이 우리 가족에게 좋은 영향을 미쳤다고 확신한다.

대공황 시절에 성장한 나는 내가 무엇이든 할 수 있다는 생각을 머릿속에 주입할 필요가 있었다. 아버지가 실직한 뒤 우리는 이사를 가야 했다. 내 어린 시절의 추억이 가득 담긴 집을 더 이상 경제적으로 감당할 여유가 없었기 때문이다. 우리는 할머니, 할아버지 댁의 위층에서 살았는데 나는 아직도 다락방에서 잠을 자던 기억이 생생하다.

우리는 대공황 시절 중에서도 가장 힘겨웠던 5년을 그곳에서 보냈다. 하지만 어린 소년이던 내게 그 시절은 그리 나쁘지 않았다. 당시 사촌들이 같은 동네에 살았고 주위에 차가 별로 없어서 공놀이도 실컷 할 수 있었다. 하도 갖고 놀아서 공이 닳을 대로 닳아버리자 우리는 안에 헝겊을 넣고 털실로 둘둘 감아서 공을 찼다. 공 하나조차 새로 살 형편이 아니었기 때문이다.

그 무렵 우리는 돈이 없어서 활동하는 데 여러 가지 제약을 받았다. 나는 중고 자전거를 사기 위한 10센트를 벌고자 신문배달을 했다. 그때만 해도 10센트는 내게 꽤 큰돈이었다. 나는 잡지를 팔기 위해 우리 집에 찾아왔다가 울었던 아이를 기억한다. 그 아이는 잡지를 모두 팔기 전까지는 집에 돌아갈 수 없다고 했다. 아버지는 마음이 아팠지만 우리도 땡전 한 푼 없는 처지라고 솔직하게 털어놓았다. 그래도 아버지는 내게 언제나 '잘할 수 있어'라고 격려를 아끼지 않았다.

상당히 긍정적이던 아버지는 긍정적 사고의 힘을 굳게 믿었다. 당신의 인생이 원한 만큼 성공적이지 못했음에도 불구하고 긍정적 사고를 강조했던 것이다. 아버지는 한 번도 부정적인 모습을 보인 적이 없었고 내게 항상 이렇게 말했다.

"너는 대단한 일을 많이 할 거야. 나보다 일이 더 잘 풀리고, 더 멀리 나아가고, 더 많은 것을 보게 될 거야."

반면 어머니는 당신이 그다지 긍정적이지 않다는 사실을 일찌감치 인정했다. 그렇지만 아버지가 돌아가신 다음 날 내게 이런 말을 했다.

"이제부터 긍정적으로 살아야겠다는 생각이 드는구나. 앞으로 네가 나를 보러 올 때 내 불평불만을 들으러 오는 건 아닐 테니 말이다."

그날 이후 어머니도 긍정적으로 살기 위해 노력했다. 긍정적 사고에 대한 아버지의 믿음을 존중하고 그것을 실천에 옮긴 것이다. 이 일화는 긍정적인 사람이 되는 것은 선택의 문제라는 내 생각을 뒷받침해주는 또 하나의 증거다.

자기 자신과 다른 사람에게서 좋은 점을 찾는 데 초점을 맞추면 긍정적인 자세를 충분히 배울 수 있다. 우리가 긍정적인 자세를 보일 경우 그것이 다른 사람에게 영향을 미쳐 그들도 우리와 함께 있을 때 부정적인 자세를 덜 보인다.

긍정적인 분위기 속에서 자라는 행운을 누린 나는 긍정적인 분위기의 가치에 대해 '세 가지 A(Action[행동], Attitude[태도], Atmosphere[분위기])'라는 제목으로 강연을 하기도 했다. 행동은 긍정적인 태도에서 비롯되고 그 태도는 올바른 분위기 속에서만 발전한다.

나는 단란한 가정에서 충분히 사랑을 받았고 대공황의 수렁 속에서도 행복을 추구했으며 보다 나은 내일이 올 거라고 믿었다. 사립학교인 그랜드래피즈 기독교 고등학교에 간 것도 내게는 행운이었다. 부모님은 나를 그 학교에 보내기 위해 열심히 일했고 여러 가지 희생을 치렀다. 그런데 나는 겨우 낙제를 면할 정도의 성적을 거뒀다. 실망한 아버지는 내가 전기 기술을 배우도록 공립학교로 전학을 보냈다.

너무 빈둥거리는 바람에 모든 것을 잃었음을 깨달은 나는 그랜드래피즈 기독교 고등학교로 돌아가기로 결심했다. 부모님에게는 내가 아르바이트를 해서 수업료를 마련하겠다고 했다. 다시 그랜드래피즈 기독교 고등학교로 돌아갔을 때 나는 열심히 공부했고 우수한 성적을 거뒀다. 나중에는 졸업반 반장으로 임명되기도 했다.

나는 지금도 깊은 신앙심과 낙천주의를 물려준 부모님과 노력의 가치를 공고히 해준 학교에 다닐 수 있었다는 사실에 감사한다. 그랜드래피즈 기독교 고등학교 수업료를 직접 벌기로 했을 때 나는 생전 처음 대가가 따르는 결정을 내린 셈이었다. 전기 기술자로 살아가는 것은 내가 원한 인생이 아니었고 나는 아버지가 나를 위해 원하는 꿈, 즉 긍정적인 태도를 비전으로 삼아 살아가리라고 마음먹었다.

그랜드래피즈 기독교 고등학교는 내가 앞서 소개한 존경하는 선생님이 있던 곳이기도 하다. 선생님은 내 졸업앨범에 간단하지만 인상적인 말을 남겨줌으로써 내 인생을 바꿔놓았다.

'하느님의 왕국에서 리더십을 발휘할 재능이 있는 단정한 젊은이에게.'

이 말은 '당신은 할 수 있습니다'라는 말과 마찬가지다.

그랜드래피즈 기독교 고등학교는 내가 제이 밴 앤델을 만나 평생에 걸친 동업 관계를 시작한 곳이기도 하다. 당시 제이의 아버지는 자동차 대리점을 운영했고 제이는 경기가 어려운 그 시절에 학교 전체를 통틀어 차를 소유한 두 명 중 하나였다. 나는 아직도 수업이 끝난 뒤 친구들이 제이의 A형 포드 자동차에 구겨 타던 장면이 생생하게 떠오른다. 친구들은 자동차 안을 빽빽이 채운 것은 물론 뒤쪽 바깥에 있는 접이식 보조 좌석에도 여러 명씩 끼어 앉았다. 한 술 더 떠서 옆의 발판에 올라타는 친구들도 있었다. 나는 등교할 때 차를 얻어 타는 대가로 제이에게 매주 25센트씩 주었다.

우리는 등굣길에 청소년의 꿈이 가득 담긴 밝은 미래에 관해 많은 대화를 나눴다. 사업가로 일할 기반을 어떻게 마련할 것인지 의논하기도 했다. 아직 어리긴 했지만 어쩐지 잘해낼 수 있을 거라는 생각이 들었다.

내 인생에는 여러 가지 사업을 한 것, 가정을 일군 것, 손자손녀를 보는 나이까지 살아 있는 것을 비롯해 여러 가지 놀라운 일이 많이 일어났다. 나는 이 모든 것이 가능했던 이유는 '나는 할 수 있다'라는 신조가 내 생활의 밑바탕에 깔려 있었기 때문이라고 생각한다.

제이와 나는 이미 고등학생 때 나중에 함께 사업을 하기로 약속했다. 실제로 우리는 제2차 세계대전에 참전했다가 미국으로 돌아온 뒤 비행학교를 열었다. 둘 다 비행기를 조종할 줄도 모르면서 말이다. 동네에 처음 생긴 드라이브인(drive-in) 레스토랑을 오픈할 때도 마찬가지였다. 우리는 그전에 레스토랑을 운영해본 경험이 전혀 없었다. 그러다가 우리는 결국 1959년 두 사람의 집 지하실에서 암웨이를 시작했다.

내가 긍정적인 사람이 된 것은 내 주위를 둘러싼 긍정적인 분위기 덕분이다. '잘할 수 있을 거야'라는 아버지의 말이 늘 귓가에 맴돌아서 그런지 나는 실제로 잘해낼 자신이 있었다. 아내 헬렌은 내가 자신이 전혀 생각지도 않던 곳으로 가족의 휴가지를 결정하는 것을 보며 나를 모험적인 사람이라고 불렀다. 하지만 나는 그저 '거기 가보자!', '이것을 해보자'라고 제안한 것뿐이다. 인생을 모험의 연속으로 보는 사람은 항상 '나는 할 수 있다'라는 자세를 유지한다.

나는 내가 꿈꾼 것 이상으로 비즈니스에서 큰 성공을 맛보았다. 이 경험을 통해 얻은 가장 큰 축복은 성취감이다. 나는 신이 내려준 재능을 활용하는 한편 수백만 명에게 비즈니스 기회를 제공하게 된 것에 감사한다. 또한 가족을 부양하는 수천 명의 직원에게 일자리를 제공하고 사업에서 얻은 재산의 일부를 헬렌과 함께 자선활동으로 사회에 환원할 수 있어서 기쁘다.

자동차를 타고 미시건 주 에이다(Ada) 근처에 있는 한 오르막길을 올라가면 공장 지대와 2킬로미터 정도 펼쳐진 사무실 건물들이 보인다. 그 입구에는 이 회사가 진출한 50개국의 국기가 펄럭이고 있다. 이곳이 바로 암웨이 국제 본사다.

본사를 방문한 적이 있고 암웨이의 성공에 대해 아는 사람들은 제이와 내가 애초부터 비전이 있던 사업가였다고 생각한다. 우리가 계획을 세워 실천에 옮긴 덕택에 성공했다고 보는 것이다. 그러나 우리는 남들과 마찬가지로 그저 생활비를 벌고 가족을 부양하려 한 청년일 뿐이었다. 우리가 암웨이처럼 큰 회사를 소유하게 되리라는 것은 꿈에도 생각지 않았다. 이제 암웨이는 연간 매출액이 수조 원에 이르고 여러 국가에 진출해 있다. 또한 수천 명의 직원을 비롯해 세계 곳곳에서 수백만 명의 사업자가 활동하고 있다.

제이와 나는 긍정적인 분위기 속에서 성장했고 재능을 타고나는 축복까지 받았다. 주위 사람들에게 '잘할 수 있을 거야'라는 격려를 받을 때부터 우리의 사업은 이미 마음속에서 시작되었다. 우리는 사랑으로 충만하고 긍정적인 부모님과 선생님 덕분에 자신감도 있었다.

'할 수 있다'는 자세는 간단한 신념에서 출발한다. 내 아버지는 일 상생활 속에서 '잘할 수 있을 거야'라는 말을 자주 했다. 1970년대 초 나는 긍정적인 사람이 되기 위한 결심에 관해 '시도해볼 것인가 아니 면 주저앉아 울 것인가(Try or cry)'라는 제목으로 강연을 했다. 똑같은 내용에 여러 가지 제목을 붙여보기도 했다.

나는 지난 수십 년 동안 사람들이 긍정적인 태도로 세상을 보도록 동기를 부여하기 위해 노력했다. 사람은 두 부류로 나뉜다. 하나는 시 도해볼 의향이 있는 사람이고, 다른 하나는 주저앉아 자신에게 운이 없음을 한탄하며 시도하는 사람을 비판하는 사람이다. 남을 비판하는 것은 쉬운 일이며 심지어 그렇게 하면 더러 인기를 끌기도 한다.

여러 가지 사업에 도전한 제이와 나는 실패한 적도 많지만 결코 굴 하지 않았다. 비행학교, 드라이브인 레스토랑, 마호가니 제품 수입, 흔들 목마 생산, 방공호 판매 등 우리가 도전한 분야는 아주 많았다. 물론 우리가 실패한 이유는 매우 다양하다.

제2차 세계대전 이후 비행 강습 시장은 사람들이 꿈꾸던 것처럼 크게 활황세를 보이지 않았다. 또한 즉석요리 전문 요리사가 아니었 던 우리는 햄버거를 너무 오래 익히는 바람에 타버린 햄버거를 수시 로 내다버려야 했다. 그뿐 아니라 대형 장난감 회사에서 멋진 플라스 틱 목마를 막 출시한 탓에 우리가 생산하기로 한 흔들 목마의 스프링 과 나무바퀴를 몇 년이나 창고에 쌓아두기도 했다.

그래도 우리는 포기하지 않았다. 암웨이를 창립했을 때 우리는 화학, 제조, 포장, 공학, 인적자원 관리 등에 관해 아는 것이 전혀 없었다. 라벨 부착 기계를 처음 사용한 날 우리는 상품보다 벽, 바닥, 몸에 라벨을 더 많이 붙이고 말았다.

아무튼 우리는 오늘날 수천 명의 직원을 두고 수천 가지 제품을 생산하는 회사를 세우는 데 성공했다. 우리가 IBO/ABO라고 부르는 사업자도 수백만 명에 달한다.

세계 곳곳에 있는 암웨이 회사에 가면 '당신은 할 수 있습니다'라는 슬로건을 자주 들을 수 있다. 가령 암웨이가 진출한 한국과 중국 그리고 일본을 비롯해 아시아 여러 국가에서 사업자들이 환호하며 '당신은 할 수 있습니다'라고 외치는 모습을 볼 수 있다. 그 나라에서 비즈니스를 하는 사업자들은 내게 내 책을 내밀며 사인해달라고 부탁할 때 '당신은 할 수 있습니다'라는 말도 적어주길 바란다. 이 말이 아시아에서 회사 슬로건으로 자리를 굳히고 있는 모양새다.

이 긍정적인 말은 아무것도 하지 못할 거라는 얘기를 자주 들은 사람들을 중심으로 전 세계로 퍼져 나갔다. 암웨이가 러시아에 진출했을 때 강연장에 모인 약 600명의 사업자는 플로리다 주에 있는 내게 전화를 걸어 '당신은 할 수 있습니다!'라고 말해달라고 부탁했다. 그 자리에 있던 미국 사업자에 따르면 그날의 모임은 역대 가장 시끌벅적한 모임이었다고 한다.

러시아 사업자들은 자기 사업을 일구고 자신을 위해 의미 있는 일을 할 자유가 있다는 생각에 뛸 듯이 기뻤던 것이다. 내가 듣기로 사람들은 의자 위로 올라가거나 노래를 부르고 환호성을 내지르기도 했다. 이것은 비즈니스 모임이라기보다 축구 경기에 더 어울리는 광경이었다. '당신은 할 수 있습니다'라는 말은 그 자리에 모인 사람들에게 그만큼 강력한 힘을 발휘했다.

앞서 말한 것처럼 내 아들딸들도 '잘할 수 있을 거야'라는 말을 귀에 딱지가 앉도록 들으면서 자랐다. 나는 항상 아이들에게 그들이 하고 싶은 것, 할 수 있다고 생각하는 것은 무엇이든 해낼 수 있을 것이라고 말했다. 또 아이들이 어떤 일에 도전하든 헬렌과 함께 지원해주고 믿어주고 격려해주겠다고 약속했다.

내가 은퇴한 뒤 장남 딕이 암웨이의 사장 자리를 물려받았는데 나는 아들이 회사를 운영하도록 순순히 자리를 비켜주었다. 딕에게도 '잘할 수 있을 거야'라는 자세가 있었고 덕분에 암웨이는 전 세계로 더 활발하게 뻗어 나갔다. 딕은 암웨이의 국제 사업부를 수년 동안 이끌었고 이후에는 자기 사업을 시작했다. 2006년에는 미시건 주의 주지사 선거에 출마하기도 했다. 이는 모두 '잘할 수 있을 거야'라는 신념이 있었기에 가능했던 일이다. 딕이 선거에 출마하겠다는 결심을 알렸을 때 나는 이렇게 물었다.

"이번에는 시기가 적절해 보이지 않는구나."

출마할 경우 민주당의 텃밭에서 재임 중인 민주당 소속 주지사를 상대해야 했기 때문이다. 딕은 그 사실을 잘 알고 있다고 대답했다.

그래도 자신이 주지사 일을 잘해낼 수 있을 거라고 확신한다며 예정대로 출마할 계획이라고 밝혔다.

선거 당일 개표가 10퍼센트 정도 진행되었을 무렵 딕은 상대 후보에게 밀리고 있었다. 딕이 방으로 들어왔을 때 우리는 모두 밝은 표정을 지으려 애썼지만 그는 방금 주지사에게 전화를 걸어 승리를 축하한다는 말을 전했다고 말했다. 우리는 여전히 희망을 잃지 않으려 했으나 딕은 현실적이었다. 지역별 개표 현황을 살펴보고는 승산이 없음을 깨달은 것이다.

선거가 끝난 지 얼마 되지 않았을 때 내가 딕을 찾아가자 다행히 딕은 기분이 좋다고 말했다. 선거운동을 하는 내내 이곳저곳을 다니며 좋은 사람들을 만나 즐거운 시간을 보냈다는 것이었다. 비록 선거에서 지기는 했지만 딕은 자신이 주지사 일을 잘해낼 수 있을 거라는 믿음이 한 번도 흔들린 적이 없다고 했다. '나는 잘할 수 있다'라는 자세가 딕의 모든 행동에 분명히 나타난 셈이다.

차남인 댄은 수년 동안 암웨이에서 일하다가 자기 사업을 시작했다. 딕과 마찬가지로 '나는 할 수 있다'라는 신념이 강한 댄은 용기 있게 암웨이를 떠나기로 결정했고, 지금 댄은 여러 가지 사업을 성공적으로 운영하고 있다. 이는 '나는 할 수 있다'라는 자세가 얼마나 큰 효과를 발휘하는지 보여주는 또 하나의 사례다.

딸 셰리도 암웨이에서 일을 배웠고 세계적으로 성장해가는 화장품 사업부의 부사장을 맡았다. 또한 올랜도 매직 농구팀의 업무를 총

괄하는 일을 몇 년 동안 돕기도 했다. 그녀는 농구팀의 일을 도우면서 아이를 무려 다섯 명이나 키웠다. 이것은 누가 봐도 당당한 리더의 모습이다.

퍼듀대학교에 진학한 막내아들 더그는 언젠가 암웨이를 운영할 계획으로 기업 경영학을 공부했다. 그리고 현재 사장직에 올라 회장을 맡은 제이의 아들 스티브(Steve)와 함께 회사를 이끌고 있다. 이것 역시 '잘할 수 있다'라는 마음자세에서 비롯된 것이다. 언젠가 더그는 퍼듀대학교 미식축구팀의 쿼터백 후보 선수로 들어갔는데 이는 '잘할 수 있다'는 문화에서 성장한 사람의 자신감이 묻어나는 일이었다. 더그는 웃으면서 자신이 대학 시절 미식축구 선수로 뛴 것은 단 두 경기뿐이었다고 말한다. 어찌됐든 선수 생활을 하긴 한 것이 아닌가!

모든 부모에게는 가정에 긍정적인 분위기를 조성할 의무가 있다. 더불어 아이들이 하고자 결심한 일은 무엇이든 할 수 있도록 격려해야 한다.

수년 전 나와 제이는 그랜드래피즈에 세운 여러 병원 중에서 가장 규모가 큰 두 군데를 합병하기로 결정했다. 당시 두 병원은 끊임없이 경쟁하고 있었는데, 가령 한 병원에 신생아실이 생기면 다른 병원에도 반드시 신생아실을 개설하는 식이었다.

어느 날 한 병원이 새로운 부지에 건물을 다시 짓는 방안을 고려하기 시작했다. 다른 병원의 이사회 의장을 맡고 있던 나는 이 문제에 대해 이렇게 말했다.

"그 병원이 공사를 시작하기 전에 제가 우리 병원과의 합병을 시도해보고 싶습니다. 두 병원이 서로 5킬로미터도 채 떨어져 있지 않은 데다 지역사회를 위해서도 그 편이 보다 합리적으로 보입니다."

그때 병원장이 말했다.

"예전에도 합병을 시도한 적이 있다는 것을 알고 있지 않습니까."

나는 알고 있다고 말한 뒤 시대가 변한 만큼 한 번 더 시도해보겠다고 덧붙였다. 원장은 고개를 끄덕였고 내 계획에 동의해 첫 번째 후원자가 되었다. 나는 혼자 앉아 이런 생각을 했다.

'만일 우리가 이 일을 해낸다면 진짜 멋질 거야. 두 병원을 합병하는 일은 내가 평생 해온 일 중에서 가장 엄청난 일로 남을지도 몰라!'

나는 두 병원의 이사회가 서로 협력하도록 격려했다. 두 병원이 합병하면 각 병원에서 이사회에 몇 명씩 앉는지, 누가 병원장이나 부원장이 될 것인지는 신경 쓰지 않았다. 우리는 한 걸음씩 천천히 나아갔고 점점 더 많은 사람의 동의를 얻으면서 마침내 두 이사회를 성공적으로 합병했다. 그러나 난관은 거기서 끝나지 않았다. 미국 연방통상위원회(FTC, Federal Trade Commission)가 개입한 것이다. 문제는 우리가 경쟁을 제한한다는 데 있었다. 그들은 내게 자유기업체제를 적극 주창하는 사람이 어떻게 경쟁에 반대할 수 있는지 의아하다고 말했다. 나는 공공병원은 사기업과 다르다며 그들을 설득했고 결국 판사는 우리의 손을 들어주었다.

이것은 어려운 상황 속에서도 '나는 할 수 있다'는 자세로 성공한 대표적인 사례다. 두 병원장의 성원과 다른 많은 사람의 도움 덕분에 오늘날 두 병원은 전보다 더 좋아졌고 각각 지역사회에 꼭 필요한 전문적인 치료를 담당하고 있다. 우리는 의료 장비 및 시설, 직원을 한데 모아 뛰어난 의료 센터를 여러 개 만들었다. 이에 따라 그랜드래피즈 시내에는 의료 지구가 생겼고 이곳은 지역 내에서도 가장 많은 일자리를 창출하고 있다.

'당신은 할 수 있습니다'라는 말은 내 인생에서 커다란 역할을 해온 자유기업체제의 본질을 나타내기도 한다. 헬렌과 나는 최근 마운트 버넌(Mount Vernon)에 있는 '국민의 대통령 갤러리(People's President Gallery)'에 기부금을 전달했다. 조지 워싱턴(George Washington)을 비롯해 우리에게 자유를 안겨준 인물들을 향한 존경심과 감사하는 마음이 전시를 통해 잘 나타나도록 도움을 주고 싶었기 때문이다. 사실 워싱턴은 젊은 시절에 야생마를 길들이는 데 도움을 주던 용감한 기수였다. 그는 승산이 없어 보이는 전투에서도 용감히 싸우는 리더로 성장했고 이후 미국의 첫 번째 대통령이 되었다. 그 외에 사업을 하는 내게 흥미로운 사실은 그가 마운트 버넌에서 사업체를 여섯 개나 운영했다는 점이다.

나는 레이건 랜치(Reagan Ranch)도 방문해 레이건 대통령의 강한 정신력과 단호한 개인주의, 이상주의, 각고의 노력을 기울인 성격 등에 대해 배웠다. 나는 운 좋게 백악관 만찬에 초대를 받아 참석한 적도 있는데, 식사 중에 누군가가 레이건 대통령에게 정치에 대해 물으면 항상 이런 대답이 돌아왔다고 한다.

"지금은 사무실이 문을 닫았습니다."

이어 레이건은 농담을 던져 분위기를 띄웠다. 자신감이 넘치고 낙천적인 그는 한 번도 걱정하거나 의기소침해하는 모습을 보이지 않았다. 스스로 잘해낼 수 있다는 사실을 알았던 것이다. 레이건이 즐겨 사용하던 "미국에 아침이 찾아왔습니다"라는 말은 그의 긍정적인 세계관을 잘 반영한다.

나는 그랜드래피즈 심포니가 아론 코플랜드(Aaron Copeland)의 〈링컨 초상화(A Lincoln Portrait)〉를 연주하는 무대에 해설자로 참여하는 영광을 안은 적이 있다. 이것은 감동적인 음악과 에이브러햄 링컨 (Abraham Lincoln)이 남긴 말이 잘 어우러진 작품이다. 알고 있다시피 링컨은 '나는 할 수 있다'라는 자세를 완벽하게 보여주는 인물이다. 인디애나 주의 허허벌판에 있는 오두막집에서 태어난 링컨은 정규교육이라고는 초원 한복판의 작은 학교에서 1년 정도 받은 것이 전부지만 그는 미국의 대통령이 되었다. 대통령이 되기 전에는 가게를 열었다가 실패했고 상·하원 의원 선거에서 낙방하기도 했다.

'당신은 할 수 있습니다'라는 분위기가 가득한 미국에서 '잘해낸' 대통령이 여러 명 배출되었다는 사실은 그리 놀라운 일이 아니다. 제임스타운(Jamestown)에 처음 정착한 미국의 선조들은 겨울이 다가오는 황야에서 온갖 고난을 겪었다. 그래도 그들은 자신이 해낼 수 있을 것이라고 믿었던 모양이다. 그러지 않았다면 대서양을 건너 미국 대륙까지 오지 않았을 테니 말이다. 그들은 세계적으로 강력한 군대인 영국군을 무찌르고 국가의 독립을 이뤄냈다. 또한 헌법을 제정해 오늘날까지 200년이 넘는 긴 시간 동안 이어져온 문서를 만들기도 했다.

우리는 '할 수 있다'는 자세를 모든 사람에게 권해야 한다. 지금까지 살아오면서 여러분은 늘 부정적이고 불평불만을 늘어놓는 사람을 많이 겪어봤을 것이다. '할 수 있다'고 생각하는 사람은 그렇지 않은 사람보다 다른 사람에게 더 많이 좋은 영향을 미친다.

우리에게는 긍정적인 사람이 될 기회가 아주 많다. '할 수 있다'는 자세를 갖춰 더 많은 사람이 '잘해내도록' 격려하자. 우리의 긍정적인 태도는 자녀와 손자손녀들이 멋진 일을 성취할 기회가 가득한 환경을 보호하는 데 중요한 역할을 한다.

암웨이를 막 설립했을 때 나와 제이는 여러 가지 생각을 했다.

'돈을 벌기 위해 사업을 시작하는 것까지는 좋아. 그런데 우리가 사업을 통해 궁극적으로 이루려고 하는 목표는 무엇이지? 암웨이는 무엇을 표방하지? 돈을 벌겠다는 노력을 넘어선 우리의 열정은 어디서 솟아나는 것이지?'

개인 사업을 하는 것에 대해 본격적으로 생각하기 시작하면서 우리는 다른 사람들 역시 그런 기회를 누려야 한다는 데 의견이 일치했다. 우리는 원하는 사람이면 누구나 자기 사업을 할 수 있어야 한다고 보았다. 우리는 그런 생각을 암웨이의 출발점으로 삼았고 암웨이는 지금도 자유기업체제를 옹호하는 기업으로 남아 있다.

당시에는 세상이 사회주의와 공산주의를 향해 내리막길을 걷고 있었다. 특히 피델 카스트로(Fidel Castro)가 쿠바를 막 점령한 직후였고 구소련은 아시아와 아프리카에서 세력을 확장하고 있었다. 많은 사람이 "자유기업체제는 죽었다. 신도 죽었다"라고 말하던 시절이었다. 사람들은 사회주의의 시대가 찾아올 것이라고 생각했고 결국 미국에도 사회주의가 유입될 것이라고 예상했다. 그런 상황에서 제이와 내가 자유기업체제를 옹호한 것이다. 우리는 조롱거리가 되기 일쑤였지만 결코 신념을 굽히지 않았다.

다행히 미국은 '할 수 있다'는 자세를 갖춘 사람들이 장악했고 레이건이 대통령직을 맡던 시절에는 더욱더 그랬다. 앞서 언급했듯 로널드 레이건은 '할 수 있다'는 자세를 갖춘 인물로 미국은 결국 '할 수 있는' 사회가 되었다. 레이건 대통령은 '할 수 있다'는 자세를 갖춘 사람들에게 정당한 보상을 제공하면 그들이 점점 더 많은 것을 생산한다는 것을 인식했다. 이런 현상은 더 많은 일자리 창출로 이어져 '할 수 없다'며 주저앉는 사람들을 돌보는 데 도움이 된다.

사람들을 경제적으로 돕는다는 것은 일자리를 더 많이 창출하기 위해 우리가 무엇을 할 수 있는지 따져본다는 뜻이다. 일자리를 늘리는 데 성공한 다음에는 실업률이 줄어드는 것을 지켜보기만 하면 그만이다.

야망을 불태우는 사람에게 위험 부담을 감수하고 열심히 일할 의향이 있을 경우 우리는 그가 작은 사업을 시작할 수 있도록 격려하고 응원해야 한다. 오늘날 우리가 얻은 여러 일자리는 그런 작은 회사로부터 시작되었다. 약간의 격려만으로도 놀랄 만큼 커다란 효과를 거둘 수 있다는 사실을 잊지 말자.

　나는 파트너스 월드와이드(Partners Worldwide)라는 조직을 후원한다. 이 조직은 사업가, 농부, 다른 국가(주로 제3세계 국가)에 비즈니스 파트너를 둔 사업자들과 동업관계를 맺는다. 미국인 사업자가 다른 국가에서 일하는 비즈니스 파트너의 멘토 역할을 해서 파트너가 회사를 더욱 성공적으로 운영할 수 있도록 돕는 것이다.

　파트너스 월드와이드에는 사람들이 재봉틀, 자전거 수리 도구, 더 나은 쟁기 및 경운기 등 노동의 효율을 높이는 데 도움을 주는 기계를 살 수 있도록 소액 대출을 해주는 부서도 있다. 파트너스 월드와이드의 지원을 받은 사람 중 절반 이상이 경영 효율을 높여 직원을 더 채용했다.

　파트너스 월드와이드는 수많은 멘토를 구하기를 바란다. 재미있는 것은 멘토들이 자신의 천직은 사업가임을 깨닫고 있다는 점이다. 이는 단순히 교회에 가서 예배를 보는 대신 바깥세상에 나가 전도사로 활동하는 것이나 마찬가지다. 그들은 자신이 돕는 사람들에게 '당신은 할 수 있습니다'라는 메시지를 분명하게 전달한다. '할 수 있다'는 자세를 갖춘 그들은 스스로 일을 성취할 능력이 있는 사람들로 '할 수 있다'는 자세를 갖춘 또 다른 사람들과 함께한다.

무엇이든 시작하지 않으면 자신이 얼마나 멀리까지 나아갈 수 있는지 알아내기 어렵다. 소중한 인생에 한계를 긋고 '해볼걸 그랬어'라고 후회하지 말자. '할 수 있다'는 자세를 갖추면 모든 것을 이룰 수 있다. 걸림돌이 무엇인지 냉정히 따져보되 그것을 핑계로 삼아 두 손 놓고 있으면 안 된다. 그 대신 걸림돌을 목표 달성을 위해 극복해야 할 과제로 삼아야 한다.

설령 도전했다가 실패하더라도 우리는 자신에게 얼마나 멀리까지 나아갈 능력이 있는지 알아낼 수 있다. 그 강인함과 용기를 바탕으로 다음에 다시 도전해보자. 다음에는 다른 방식으로 도전하거나 자신감을 키워 다른 일에 도전해볼 수도 있다. 자신이 해낼 만한 일을 찾아내 주저하지 말고 뛰어들어라. 이때 꿈은 크게 갖는 것이 좋다.

세상에는 두려움 때문에 아무것도 시도하지 않는 사람이 아주 많다. 실패할까 봐 두려워하거나 비판 혹은 조롱의 대상이 될까 봐 걱정하는 것이다. 자신이 훈련을 충분히 받지 못했다고 생각하거나 자신에게 전문지식이 부족하다고 걱정하는 사람도 있다. 나는 그런 사람들에게 이렇게 말해주고 싶다.

"목표를 정하고 일단 도전하십시오. 당신은 할 수 있습니다!"

4

"당신의 능력을 믿습니다"

"I BELIEVE IN YOU"
당신의 능력을 믿습니다

나는 어느 입찰식 경매에서
저자의 서명이 담긴 노먼 빈센트 필의 《긍정적 삶의 힘(The Power of Positive Living)》을 손에 넣는 행운을 누렸다. 오랜만에 그 책을 보고 있자니 내가 사업을 처음 시작했을 때 필의 철학이 내게 얼마나 큰 영향을 미쳤는지 새삼스레 생각났다.

특히 제2장에 나오는 '자신의 능력을 믿는 사람 = 목표를 성취하는 사람'이라는 공식에서 나는 깊은 영감을 얻었다. 누구든 자기 능력을 믿지 않으면 커다란 목표를 성취할 수 없다. 다른 사람들이 꿈을 이루도록 돕는 효과적인 방법 중 하나는 '당신은 할 수 있습니다'라는 말로 그들이 안심하도록 해주는 것이다.

'당신의 능력을 믿습니다'라는 말은 '당신은 할 수 있습니다'라는 말에 비해 훨씬 더 개인적이다. 이 말은 '당신은 할 수 있습니다'의 연장선에 있으며 주로 가족이나 가까운 친구들에게 쓴다. 그렇다고 이것을 꼭 말로 표현할 필요는 없으며 행동으로 보여주어도 된다. 때로는 아끼는 사람이 주관하는 행사에 참석하거나 그 사람의 목표를 지지하는 것만으로도 '나는 네 능력을 믿어'라는 메시지를 전달할 수 있다.

내가 40여 년 전에 처음 쓴 책의 제목은 《믿음, 그 위대한 힘(Believe!)》이었다. 그 책은 내가 당시에 믿었고 지금도 믿고 있는 여러 가지 내용을 다루고 있다. 그 책에 담긴 철학과 메시지는 내가 전국을 누비며 강연할 때 청중에게 들려준 내용과 똑같다. 나는 사람들이 자신과 다른 사람들의 능력을 믿도록 돕고 싶었다. 또한 나는 그 책에서 누구에게나 인간다운 존엄성과 존재의 이유가 있다는 것을 밝혔다.

계속해서 내가 사람들이 자신의 능력을 믿도록 격려하는 이유는 그것이 보다 나은 지역사회와 더욱 강인한 가족을 만드는 열쇠라고 생각하기 때문이다. 우리가 우리의 능력을 믿으면 아이들도 더 큰일을 해내고 더 행복해질 것이다. 우리와 함께 일하는 사업자들이 사업적 목표를 달성하는 것은 물론이다. 그래서 나는 힘닿는 대로 사람들이 자신의 능력을 믿도록 격려하고, 내가 그들의 능력을 믿는다는 것을 알려주고자 한다. 그들이 가능하리라고 생각지도 못하던 멋진 일을 성취하도록 말이다.

생각해보면 이러한 믿음을 바탕으로 설립한 제도가 아주 많다. 가정에서 우리는 부부 혹은 가족 구성원으로서 서로의 능력을 믿어야 한다. 고용주와 정부를 이끄는 사람들은 자신이 우리에게 가장 도움을 주는 방식으로 행동한다고 믿어야 한다. 정치적으로는 민주주의, 경제적으로는 자유기업체제를 선택해야 우리에게 기회가 많이 찾아오리라는 점도 믿어야 한다. 우리는 자신의 능력뿐 아니라 스스로를 돌보는 능력, 스스로 세운 목표를 달성할 능력이 있음을 믿을 필요가 있다.

우리는 말이나 행동으로 우리의 능력을 믿지 않는다는 것을 보여주는 사람들의 영향을 받지 않도록 주의해야 한다. 사람은 누구나 때로 회의감에 시달리는데 자칫 잘못하면 부정적인 사람들로 인해 그런 생각이 더 커질 우려가 있다. 너무 많은 사람이 자신의 능력을 믿지 않고 의심하는 바람에 딱 후회하지 않을 정도로만 인생을 살아간다. 예를 들면 직접 시도해보지 않고 다른 사람들의 부정적인 의견에 귀를 기울인다. 이런 사람에게 '당신은 할 수 있습니다'라고 말해줌으로써 그들이 다시 의욕을 불태우도록 해보자.

나는 올랜도 매직 선수들이 챔피언이 될 수 있다고 믿도록 돕기 위해 최선을 다했다. 설령 팀 순위나 스포츠 기자들이 내놓는 전망을 보면 그런 생각이 들지 않더라도 말이다. 나는 팀 이름에 엄연히 '매직'이 들어가는 만큼 우리 팀이 자신의 능력을 믿는 본보기가 되어야 한다고 생각했다.

수년 전 우리 팀이 처음으로 플레이오프에 진출했을 때 나는 선수들이 챔피언십에서 우승할 수 있다고 스스로 믿길 바랐다. 물론 올랜도 매직은 한 번도 우승컵을 차지한 적이 없었기에 선수들이 내 말을 쉽게 믿지 못하는 것을 이해하기는 했다. 어쩌면 그들은 챔피언십이란 으레 다른 팀 혹은 선수들이 우승을 차지하는 대회라고 생각했을지도 모른다. 여기에다 스포츠 기자와 소위 전문가라는 사람들은 하나같이 우리 선수들이 너무 어리고 경험이 부족하다고 지적했다.

어느 날 저녁 나는 라커룸에서 선수들에게 부정적인 이야기에 조금도 신경 쓰지 말라고 일렀다. 그런 다음 질문을 던졌다.

"우리라고 우승하지 말라는 법이 있습니까? 이번에 잘하지 못할 거라는 법이라도 있습니까?"

이 말은 플레이오프 기간 내내 우리 팀의 슬로건으로 자리 잡았고, 우리는 그 슬로건을 라커룸 벽에 붙여두기도 했다. 사실 우리 집에는 그 슬로건이 아직도 붙어 있다. 나는 영감이 필요할 때마다 그 말을 음미하듯 천천히 읽는다. 올랜도 매직은 그해에 우승컵을 차지하지 못했지만 나는 선수들이 자신의 능력을 믿었을 거라고 생각한다. 아마 그들은 내가 그들을 믿는다는 사실도 알았을 것이다.

'우리라고 우승하지 말라는 법이 있는가? 이번에 잘하지 못할 거라는 법이라도 있는가?'라는 말처럼 우리는 해낼 수 있다고 믿어야 한다. 스스로 성취할 수 있다고, 목표를 성공적으로 달성할 수 있다고 믿어야 한다. 중요한 것은 당장 시작해야 한다는 점이다. 계속 기다리며 고민만 하면 아무것도 이룰 수 없기 때문이다.

특히 아이들은 '네 능력을 믿어'라는 말을 가장 많이 필요로 한다.

아이들에게 조언을 해주고 그들의 멘토 역할을 하는 것 자체가 우리가 그들의 능력을 믿는다는 것을 보여준다. 심지어 학교 숙제를 도와주는 간단한 행동만으로도 그런 메시지를 전달할 수 있다.

우리 집 아이들이 성적표를 가져왔을 때 헬렌과 나는 성적이 낮아도 무조건 야단치지는 않았다. 그 대신 아이와 함께 왜 성적이 떨어졌는지, 어떻게 해야 성적을 다시 올릴 수 있는지 의논했다. 아내와 나는 아이들이 더 잘할 수 있음을 믿는다는 사실을 보여주었고 그들이 늘 최선을 다하도록 격려했다. 말과 행동으로 '잘할 수 있을 거야. 네 능력을 믿어'라는 메시지를 끊임없이 표현한 것이다.

우리 부부는 아이들이 참여하는 스포츠 경기, 학교 연극 같은 행사에 빠짐없이 참석하려 노력했다. 이제는 손자손녀와 증손자손녀들을 위해 똑같은 노력을 기울이고 있다. 물론 그 자리에 참석하는 모든 사람이 열심히 응원을 해주지만 아이들에게 가장 의미 있는 응원객은 부모와 조부모다. 우리가 그들을 응원한다는 사실만으로도 아이들은 자신감을 얻으며, 우리가 시간과 노력을 들여 찾아간 그 자체로 그들의 능력을 믿는 우리의 마음이 전해진다. 나와 헬렌의 말, 행동, 자세 중에서 어떤 수단을 통해 전달되었든 '네 능력을 믿어'라는 우리의 메시지는 아이들의 마음 깊이 자리를 잡았다.

나는 올랜도 매직의 선수들도 비슷한 방식으로 격려한다. 뛰어난 재능을 갖춘 그들은 엄청난 성공을 맛본 프로 선수지만 여전히 성원과 격려가 필요한 젊은이이기도 하다. 올랜도 매직의 구단주로서 나는 선수들과 자주 이야기를 나누고 가능한 한 모든 경기를 관람한다. 내가 경기장에 앉아 있다는 것만으로도 선수들에게 '당신의 능력을 믿습니다'라는 메시지가 전달되기 때문이다.

나는 그들이 매 경기마다 최고의 모습을 보여주도록 격려한다. 내가 그들에게 강조하는 점 중 하나는 '어떤 관중에게는 기회가 단 오늘뿐이다'라는 것이다. 어쩌면 선수들은 매 경기마다 NBA를 처음 보러 오거나 일생에 단 한 번 보는 관중 앞에서 경기를 펼치는 것인지도 모른다. 팬들은 훌륭한 농구선수들이 좋은 경기를 보여줄 거라 기대하며 농구장을 찾는다. 그래서 나는 선수들이 시즌 내내 경기마다 최고의 능력을 발휘해주길 바란다. 가장 좋아하는 선수를 보러 온 관중에게 최고의 모습을 보여줄 기회가 다시는 오지 않을지도 모르는 까닭이다.

이러한 생각은 우리 모두에게 매일 적용된다. 우리에게도 좋은 인상을 남길 기회가 단 한 번밖에 주어지지 않을지도 모른다. 또한 누군가에게 '당신의 능력을 믿습니다'라고 말해주거나 그 사람이 우리에게 소중한 존재라는 사실을 보여줄 기회가 다시는 오지 않을 수도 있다. 일단 놓쳐버리면 기회는 영영 사라지고 만다.

나는 올랜도 매직 선수들이 내가 그들을 아낀다는 사실을 알았으면 하고 바란다. 농구장 바깥에서도 내가 그들의 능력을 믿는다는 사실을 알아주었으면 한다. 아내와 나는 가끔 올랜도 매직을 위해 일하는 선수, 코치, 직원 들을 집으로 초대한다. 그 자리에 우리 아들딸과

손자손녀가 참석할 때도 있다. 집에 초대하는 것만으로도 우리가 그들을 가족처럼 여기고 그들의 능력을 믿는다는 마음을 전달할 수 있다. 다양한 매체를 통해 농구선수들을 접하는 팬들은 그들을 재능이나 수백만 달러의 수입과 연관 지어 생각할지도 모른다. 하지만 이 선수들은 아직 젊은 청년이고 우리 팀의 몇몇 선수는 이제 막 10대를 벗어났을 만큼 나이가 어리다.

어떤 선수들은 만 스무 살에 벼락부자가 되기도 했다. NBA에서 뛰는 것이 태어나 처음 얻은 직업인 선수들도 있다. 그래서 나는 그들에게 투자와 저축의 필요성에 대해 조언을 해준다. 다른 여러 직업에 비해 농구선수가 NBA에서 뛸 수 있는 기간이 상대적으로 짧기 때문이다. 나는 용납받기 힘든 행동을 왜 피해야 하는지도 빼놓지 않고 들려준다.

선수들은 재능을 계발하고 기술의 완성도를 높이기 위해 수많은 시간을 체육관에서 보낸다. 그런 만큼 올바른 행동거지에 대해 배울 기회가 적은데 그렇다고 경솔한 행동으로 인해 경력에 오점이 남는 일이 벌어져서는 안 된다. 나는 그들에게 질이 나쁜 사람들이나 위험한 장소는 피하고 밤 열두 시 전에 집에 들어가라고 조언한다. 그런 이야기를 해주면 항상 웃는 선수들이 있다. 그럴 때 나는 프로 선수가 부적절한 행동을 했다는 기사를 보면 사건이 주로 밤 열두 시 이후 선수가 있지 않았어야 할 곳에서 벌어졌다는 점을 지적한다.

사람들의 노력이나 목표를 지지해 그들의 능력을 믿는다는 것을 보여주는 방법도 있다. 자신의 능력을 믿는 사람은 무언가를 창조하거나 설립한다. 그러나 그들이 의욕과 열정을 계속 불태우도록 하려면 그들처럼 믿음이 있는 다른 사람들의 지원이 필요하다. 그들이 자신을 비판하거나 믿지 않는 사람들과 맞서야 할 때는 더욱더 그렇다.

헬렌과 내가 재단을 통해 펼치는 자선활동은 '당신의 능력을 믿습니다'라는 메시지를 행동으로 보여주는 것이나 마찬가지다. 어느 기부자든 특정 프로젝트에 처음 기부금을 전달할 경우 그 행동은 다른 어떤 홍보활동보다 효과가 크다. 그 기부가 지역사회와 잠재적인 기부자들에게 '어느 명사가 재정적 지원을 아끼지 않을 만큼 그 프로젝트를 신뢰한다'는 메시지를 보내기 때문이다. 그러면 그 프로젝트나 기관은 갑자기 든든한 지원군을 얻어 자신이 달성하려 하는 목표의 중요성을 강조할 기회를 얻는다. 실제로 헬렌과 내가 어떤 프로젝트의 목표에 대한 믿음을 드러내면 다른 기부자들도 돕기 위해 나서곤 했다.

우리가 다니는 교회의 교파는 100여 년 전에 '르호봇(Rehoboth)'이라는 기독교 학교를 설립했는데, 이 학교에는 주로 뉴멕시코 주에 사는 미국 원주민 학생들이 다닌다. 르호봇 교육은 학생들이 자신감을 기르도록 하며 그들의 지적 성장은 물론 정신적·종교적인 성장도 돕는다. 대부분 집안 형편이 좋지 못한 이들 학생이 스스로를 믿고 자신에게 더 나은 삶을 살아갈 능력이 있음을 믿도록 하기 위해서다.

오랫동안 르호봇에 기부해온 우리 부부는 그곳의 새 스포츠·피트니스 센터 헌정식에 참석하기도 했다. 그 건물은 우리를 비롯해 여러 기부자가 힘을 모아 완공한 것이다. 우리는 그 자리에 참석해 학생들에게 우리가 그들의 능력을 믿는다는 것을 보여주었다. 아울러 교직원들이 우리가 그들의 목표에 공감한다는 사실을 인식하게 했다.

'당신의 능력을 믿습니다'라는 말은 지역사회 발전과 지역 주민들의 목표 성취를 도울 수도 있다. 나는 기회가 생길 때마다 고향 사람들이 멋진 일을 해내도록 '당신의 능력을 믿습니다'라는 말로 그들에게 영감을 주려고 노력한다.

내 고향 그랜드래피즈 시내는 지난 50여 년에 걸쳐 새롭게 태어났다. 과거에 거의 버려지다시피 했던 시내가 이제는 새로운 스카이라인과 하루가 멀다 하고 들어서는 새 건물 덕택에 번성하고 있는 것이다. 나는 이런 성과에 기여하는 지역사회 지도자가 되고자 열심히 노력해왔다. 아울러 지역사회 발전을 위해 힘쓰는 사람들을 '당신의 능력을 믿습니다'라는 말로 격려해 그들이 목표를 달성하는 데 도움을 주고자 했다.

나는 종종 건물 헌정식, 비즈니스 강연, 기금모금 만찬 등에서 연설을 해달라는 부탁을 받는데, 그럴 때마다 '당신의 능력을 믿습니다'라는 메시지를 담으려고 노력한다. 내 바람은 청중이 내 강연을 듣고 자신이 큰 성공을 거둘 수 있으며 훌륭한 환경에서 살고 있음을 믿는 것이다. 나는 그들이 국가와 지역사회에 보탬이 될 수 있다는 것과 실제로 중요한 역할을 하고 있음을 스스로 믿길 바란다.

심지어 미국의 대통령도 때로는 사람들이 그의 능력을 믿는다는 격려의 말을 필요로 한다. 제럴드 포드가 대통령으로 있을 때 나는 워싱턴 D.C.에 갈 때마다 백악관에 전화를 걸어 그에게 잠깐 담소를 나눌 시간이 있는지 알아보았다. 그의 스케줄을 담당한 비서는 내게 주로 이런 대답을 했다.

"대통령께서도 뵙고 싶어 할 겁니다. 그분은 돈을 노리고 찾아오지 않는 고향 분을 뵐 필요가 있습니다."

미국 대통령으로서 제럴드 포드에게는 수백만 명에게 영향을 미치는 여러 가지 중대한 결정을 내릴 책임이 있었다. 나는 기회가 닿을 때마다 그를 찾아가는 간단한 행동을 통해 내가 그의 편이고 그의 능력을 믿는다는 사실을 알렸다. 미국의 심장부에 있는 사람들이 그와 주요 현안에 동의한다는 생각이 들 때도 그에게 알려주었다.

물론 우리가 포드 대통령처럼 자유세계(제2차 세계대전 이후 공산세계와 대비해서 쓰는 말 –역주)의 무게를 두 어깨에 짊어지고 있는 것은 아니다. 설령 그럴지라도 우리에게는 일을 잘해낼 수 있다고 믿는 고용주나 동료의 격려가 필요하다. 여러 가지 사업체를 운영한 나는 수천 명의 직원을 고용했다. 이를 통해 나는 성공하려면 직원들이 다른 사람과 그들의 재능을 믿는 환경에서 일해야 한다는 사실을 깨달았다.

어느 날 암웨이 그랜드 플라자 호텔에서 직원 모임을 열었는데 그날 연사 중에는 식음료 사업부의 새로운 관리자도 있었다. 그는 여러 직원 앞에서 자신의 성장 배경과 자신이 어떻게 경력을 쌓아 성공할 수 있었는지에 관해 이야기를 들려주었다. 그는 접시를 닦는 일부터 시작해 최고의 자리까지 올라간 경우였다. 짐작컨대 그 관리자는 접시를 닦던 시절부터 누군가가 자신의 능력을 믿고 있음을 알았고 스스로도 자기 능력을 믿었을 것이다.

이미 최고의 자리에 오른 사람을 응원하기는 쉽다. 하지만 우리는 기회가 필요한 사람들의 능력도 믿어주어야 한다. 실제로 접시닦이나 다른 궂은일을 하는 사람들의 능력을 믿어준 것이 커다란 보람으로 돌아오는 경우가 많다.

오래전 암웨이가 MBS(Mutual Broadcasting System) 라디오 방송국을 샀을 때 우리는 래리 킹(Larry King)에게 심야 토크쇼를 진행해달라고 부탁했다. 래리는 플로리다 주 지역 방송에서 일하고 있었지만 라디오는 3년 정도 쉬고 있었다. 그런 그를 우리가 다시 라디오로 불러들인 것이다. 당시 우리 방송국의 운영자 중에 래리 킹과 플로리다에서 같이 일한 사람이 있었는데 그는 래리를 대단히 뛰어난 토크쇼 진행자로 평가했다. 그 운영자는 우리에게 이렇게 말했다.

"래리에게 기회를 줄 생각이라면 우리 라디오 방송국에서 생각해 둔 심야쇼 아이디어를 추천합니다. 밤 열두 시에 시작해 새벽 다섯 시까지 밤새 이어지는 쇼입니다."

우리 방송국에 출연한 래리는 청취자들의 전화를 받기 시작했다. 당시만 해도 청취자가 직접 라디오 방송국에 전화하는 일이 흔치 않았고 우리는 그것을 처음 시도한 방송국 중 하나였다. 청취자들은 방송국으로 전화를 걸었고 래리는 그를 대표하는 토크쇼와 인터뷰 스타일을 시작했다.

나는 래리가 나를 토크쇼에 초대해줄 때마다 그것을 영광으로 여겼다. 그는 내게 말하곤 했다.

"또 한 번 나와 주십시오. 우리 쇼에는 보수주의자가 필요합니다. 진보주의자는 많이 출연하는데 보수주의자는 모시기가 어렵습니다. 그분들은 밤늦게 깨어 있는 것을 싫어하니까요."

그렇게 래리는 대성공을 거두기 전에 몇 해를 우리와 함께 보냈다. 래리 킹은 멋진 사람으로 나는 우리가 그의 능력을 믿고 그에게 처음 전국적으로 방송하는 라디오 토크쇼를 진행할 기회를 준 것을 기쁘게 생각한다.

자기 자신과 다른 사람의 능력을 믿는 것은 우리가 매일 접하고 어쩌면 당연하게 여길지도 모르는 인간의 놀라운 업적에 반드시 필요한 요소다.

2007년 내 고향 미시건 주에서 열린 맥키낙 다리(Mackinac Bridge)의 50주년 기념식을 예로 들어보자. 맥키낙 다리는 미시건 주의 두 반도 사이를 흐르는 미시건 호와 휴런 호 위를 가로지르며 길이가 8킬로미터에 달하는 긴 다리다. 다리를 설계한 엔지니어들은 분명 디자인을 확신했을 것이다. 그렇지 않고는 이 거대한 현수교(교상이 하중을 견디는 케이블에 매달린 다리로 케이블이 적당히 늘어져 있다 –역주)가 강풍과 수많은 자동차의 무게를 견딜 수 있을 것이라고 생각지 못했을 테니 말이다. 다리를 건설한 인부들도 시멘트를 붓고 케이블을 연결하면서 언젠가 다리가 완성되리라고 믿었으리라. 긍정적인 태도는 '믿음'이라는 강력한 말과 일이 잘 풀릴 것이라고 뼛속까지 믿는 행동에서 비롯된다.

1975년 나는 《믿음, 그 위대한 힘》을 저술했는데 지금도 그 내용을 굳게 믿고 있다. 다음은 그 내용 중 한 대목이다.

"나는 세상에서 가장 강력한 힘은 자신의 능력을 믿고 목표를 높이 설정해 원하는 것을 쟁취하고자 자신 있게 나아가는 사람의 의지라고 생각한다."

이와 함께 나는 여러 연설을 통해 '당신의 능력을 믿습니다'라는 메시지를 전달하기 위해 노력했다. 사람들이 꿈을 이루도록 신이 힘을 실어준다는 얘기도 들려주었다.

제이와 나는 숱한 난관에 부딪혔지만 믿음을 잃은 적이 한 번도 없었다. 만일 사람들이 논리적인 이유를 들어가며 우리의 계획에 반대할 때 그것을 귀담아들었다면 우리는 비행학교, 드라이브인 레스토랑, 암웨이 등 여러 가지 사업에 도전하지 못했을 것이다.

누군가에게 '당신의 능력을 믿습니다'라고 말했을 때 그것이 그의 인생에 어떤 영향을 미칠지 상상해보자. 이런 행동은 단순히 그 사람을 칭찬하거나 그가 잘한 일 혹은 과거에 성취한 일에 고마움을 표시하는 것에 그치지 않는다. 그것은 우리가 그 사람의 능력을 믿는다는 사실도 함께 알려준다. 설령 그 사람이 성취하고자 하는 일을 한 번도 해본 적 없거나 스스로 해낼 수 있을지 확신하지 못하더라도 말이다.

나는 암웨이 사업자들에게 그들의 임무는 사람들의 사기를 진작시키는 것이라고 수십 번이나 강조했다. 그리고 그런 임무를 수행하는 첫걸음은 사람들의 능력을 믿는 것이라고 덧붙였다. 우리가 사업을 어떻게 시작했고 또 사업 원칙을 어떻게 생각해냈는지 질문을 받으면 제이와 나는 '가치 있는 존재는 바로 사람'이라는 근본적인 믿음에서 출발했다고 대답했다.

우리는 사람이란 소중한 존재이며 누구나 일을 통해 앞으로 나아가길 원한다고 믿었다. 이후로 나는 '사람은 아무짝에도 쓸모가 없다'는 생각으로 자기 사업을 하는 것은 거의 불가능하다는 사실을 강조해왔다.

대학교수가 자신의 능력을 믿도록 노먼 빈센트 필을 격려했을 때 그 교수는 신이 그를 도울 것임을 믿으라는 말도 덧붙였다. 그 말을 들은 필은 대학 건물에서 나와 계단을 내려가기 시작했다. 그러다가 끝에서 네 번째 계단에서 우뚝 멈춰 섰다.

무려 70년이 지난 일인데도 그는 아직까지 자신이 몇 번째 계단에서 멈췄는지, 어떤 기도를 올렸는지 기억하고 있었다. 기도는 이런 내용이었다고 한다.

"신이시여, 당신은 주정뱅이를 술독에서 건져내고 도둑이 정직하게 살아가도록 바꿔놓습니다. 그렇다면 저처럼 혼란스러워하는 사람도 정상적으로 돌려놓으면 안 되겠습니까?"

필은 그 일을 계기로 기적처럼 자신의 능력을 믿고 매사를 긍정적으로 생각하는 사람이 되었다고 했다.

오늘날 리더에게 필요한 자질은 자신의 능력을 믿는 긍정적인 분위기를 조성하는 것이다. 앞서 말했듯 긍정적인 자세를 배우고 긍정적인 말을 사용하는 것은 리더에게 꼭 필요한 일이다. 우리에게는 자신의 믿음을 겉으로 표현하고 그 믿음을 다른 사람에게 전달할 줄 아는 리더가 더 많이 필요하다.

나는 상대방에게 상품이 아니라 '자기 자신'을 판매한다는 말을 종종 듣는다. 이는 어쩌면 내가 자신 있게 살아가는 사람을 너무 많이 봐왔기 때문인지도 모른다. 그들은 처음에는 불확실한 탓에 자신의 능력을 믿지 않지만 조금씩 성공하기 시작하면서 점점 자신에 대한 믿음도 커진다. 그러다가 결국에는 자신도 몰랐던 재능과 능력을 발견한다.

믿음에 대해 말할 때 우리는 도전의 필요성을 반드시 언급해야 한다. 도전을 통해 믿음을 시험해보지 않고는 우리가 무엇을 성취할 수 있는지 결코 알지 못하기 때문이다. 나는 인생을 살아오면서 시도해본 여러 가지 일에서 대부분 성공을 맛보았다. 이것은 내가 일이 잘 풀릴 것이라고 믿고 최선의 노력을 다한 덕분이다.

1987년 한 요트선수가 내게 뉴욕 요트클럽이 우승할 수 있도록 도와달라고 부탁했다. 당시 나는 '아메리카 II' 요트팀의 공동 팀장을 맡고 있었다(우리 요트에는 1851년 잉글랜드에서 처음 우승한 요트인 '아메리카'의 이름을 따서 '아메리카 II'라는 이름을 붙였다). 암웨이도 그 팀의 세 스폰서 중 하나였기에 내게도 성패에 많은 것이 걸려 있었다.

우리는 결국 우승하지 못했지만 나는 진 뒤에도 긍정적인 태도를 잃지 않았다. 나는 한마디를 부탁하는 기자들에게 말했다.

"대회에 참가하지 않으면 절대로 이길 수 없습니다. 그게 인생이 돌아가는 방식이지요. 비록 우리는 오늘 승리하지 못했지만 대회에 참가해 경쟁을 했다는 것에 의미를 두고 싶습니다."

나는 나 자신에게 성공에 도전할 기회를 주었고 하룻밤 만에 성공하지 못할 것이라는 이유로 도전을 포기하지 않았다. 자기 능력을 믿는다는 것이 반드시 비전이 있다는 뜻은 아니다. 제이와 나는 암웨이를 두 사람의 집 지하실에서 시작했다.

우리는 맨 처음 생산한 제품의 품질이 좋을지, 마케팅 전략이 제대로 먹힐지 알지 못했다. 큰 공장을 지어 사업을 시작한 것도 아니었다. 그래도 몇몇 사업자와 함께 제품을 소비자에게 전달했고 그런 사업자가 점점 늘어나다 보니 어느새 가로 30미터, 세로 13미터짜리 작은 건물을 세울 수 있었다. 바로 그것이 우리의 '커다란 비전'이었다. 제이와 내가 어느 날 갑자기 암웨이가 대기업이 될 것이라고 예상했을까? 절대로 아니다. 우리는 그 건물을 짓기 위해 약 8,000제곱미터(2,420평)의 부지를 매입했다. 그러다가 그만한 크기의 부지를 더

얻자 그 땅이 필요할 일이 없을 것 같아서 주차장으로 써야겠다고 생각했다.

여러분은 최선을 다해 시도해보거나 아니면 주저앉아 우는 것 중 하나를 선택할 수 있다. 내 아버지는 내가 '할 수 없다'는 말을 절대로 하지 못하게 했다. '할 수 없다'와 반대되는 말은 '시도한다'이다.

스스로의 능력을 믿는다면 여러분이 앞으로 어떻게 성장할지 그 모습을 머릿속에 그려보라. 시도해보지도 않고 주저앉아 울지 말고 자신이 할 수 있는 일을 강하게 믿어보자. 그러면 목표 성취를 위해 전력을 기울이는 것은 물론 다른 사람 역시 자신의 능력을 믿도록 영감을 불어넣을 수 있을 것이다.

'당신의 능력을 믿습니다'라는 말은 리더가 자신을 따르는 사람들에게 영감을 줄 때, 부모가 자녀나 손자손녀들을 격려할 때, 어려운 시기를 보내는 친구를 위로할 때, 교사가 학생을 지도할 때, 고용주가 직원들의 사기를 북돋울 때 모두 사용할 수 있는 표현이다. 자기 자신과 서로의 능력을 믿기로 결정하면 우리는 우리가 속한 지역사회와 국가가 긍정적인 방향으로 나아가도록 도울 수 있다.

또한 우리는 우리가 하는 일의 가치를 믿어야 하며 그러지 못할 경우 다른 일을 찾아야 한다. 더불어 우리가 꿈을 이루도록 국가가 무한한 가능성을 제공하리라고 믿을 필요도 있다. 일단 그런 믿음이 생겼다면 원하는 목표를 향해 달려가야 한다.

노먼 빈센트 필은 대학 건물 앞의 계단을 내려가다가 긍정적인 사람이 되기로 결심했고, 그 결심을 70년이 지난 후에도 기억했다. 자신의 새로운 마음자세가 큰 행복을 안겨준 만큼 행복하지 않은 사람들을 걱정한 그는 글을 쓰고 자신의 믿음을 전파하는 일에 평생을 바치기로 했다.

필은 '믿음이 있는 사람'이 되었고 그 후로는 자기 능력을 절대 의심하지 않았다. 그렇다고 우리 모두가 노먼 빈센트 필이 되어야 하는 것은 아니다. 다만 누군가에게 그 사람의 능력을 믿는다는 사실을 보여주거나 '당신의 능력을 믿습니다'라는 힘 있는 말을 해주면 그가 새로운 길로 나아가도록 도울 수 있다는 멋진 상상을 해보자.

긍정적인 사람이 되기 위한
강력한 10가지 말

5

"당신이 자랑스럽습니다"

"I'M PROUD OF YOU"
당신이 자랑스럽습니다

여느 할아버지와 마찬가지로 나 역시 손자손녀들이 어렸을 때 뛰어노는 모습을 구경하길 좋아했다. 걸음마를 떼려고 안간힘을 쓰던 아이들은 눈 깜짝할 사이에 성장해 달리고, 뛰고, 자전거를 타고, 야구 방망이를 휘두르고, 수영장에서 다이빙을 하고, 학교 무대에서 공연을 한다.

손자손녀들은 내 관심을 끌거나 내게 인정을 받기 위해 무척 노력했다. 수년 전 수영장에서 놀던 손자손녀들은 다이빙을 하거나 수중 미끄럼틀을 타고 내려올 때마다 나를 보고 이렇게 말했다.

"할아버지, 저 좀 보세요!"

그런 뒤에 앞의 아이보다 더 멋지게 뛰어들거나 내려오기 위해 애쓰며 내가 지켜보고 있는지 확인했다. 아이들이 '저 좀 보세요'라고 말하는 이유는 사랑하는 사람이 자신을 봐주고 응원의 미소를 짓거나 좋은 말을 해주길 바라기 때문이다.

아이들은 자라면서 부모와 조부모가 자신이 성적을 잘 받고, 스포츠를 하고, 밴드에서 연주하고, 무대에서 공연하고, 대학에 가는 모습을 지켜봐주길 원한다. 여러분에게 자녀나 손자손녀가 있다면 아마 이런 점을 이미 눈치 챘으리라. 우리가 아이들에게 해줄 수 있는 가장 강력한 말은 '사랑해' 다음으로 '네가 자랑스러워'일 것이다.

'저 좀 보세요'라며 관심을 끌려는 행동은 아이들에게 국한된 것이 아니다. 아이일 때 하던 '저 좀 보세요'라는 말에 드러난 욕구는 평생을 따라다닌다. 이것은 우리가 가장 소중히 여기는 사람들에게 인정받고 싶어 하는 인간적인 욕구다. 간단히 말해 이 욕구는 상대방이 나를 자랑스러워하길 바라는 마음이다.

우리는 평생에 걸쳐 인정받고 싶어 한다. 이를 위해 스스로를 자랑스럽게 여길 만한 위치에 서도록 열심히 노력한다. 우리가 성취한 것을 보며 혼자 자랑스러워할 때도 기분이 좋지만 다른 사람이 '당신이 자랑스럽습니다'라고 말해주면 기분은 몇 배 더 좋아진다.

나는 시카고 근처에 있는 윌로크릭 교회의 설립자이자 담임목사인 빌 하이벨스와 알고 지내는 것을 행운이라고 생각한다. 빌은 기독교 서적을 여러 권 집필한 저자이기도 하다.

어느 기분 좋은 오후 나는 요트에서 빌의 이야기를 들었다. 그는 내게 윌로크릭 교회에 퍼진 긍정적인 에너지와 그곳에서 벌어지는 여러 가지 긍정적인 활동에 대해 들려주었다. 집에 돌아온 뒤 나는 쪽지에 내가 빌을 굉장히 자랑스럽게 여긴다는 글을 간단히 썼다. 나중에 얘기를 들어보니 빌은 내가 준 쪽지를 몇 주 동안이나 갖고 있었다고 한다. 이 얼마나 의외의 일인가! 전국적으로 수백만 명에게 인정받는 빌이 내가 쓴 격려의 말 한마디에 감동을 받은 것이다.

2007년 아내 헬렌은 그랜드래피즈 심포니로부터 평생공로상을 받았다. 오랜 봉사활동으로 그랜드래피즈 심포니가 일류 오케스트라가 되도록 돕고 지역사회에 '음악'이라는 선물을 안긴 공로를 인정받은 셈이다. 나는 아이들과 함께 그날의 프로그램이 실린 팸플릿 광고란에 '당신이 자랑스럽습니다'라는 간단한 문구를 실었다. 물론 헬렌은 보상을 바라고 심포니 일을 한 것이 아니었다. 그저 음악과 지역사회에 애정이 있어서 자원봉사를 한 것뿐이었다. 그렇지만 나는 가족의 인정을 받는 것이 그녀에게 큰 기쁨을 주리라는 것을 알고 있었다.

사람들의 노력 뒤에는 자기 분야에서 최고임을 인정받고, 더 중요한 직책을 맡고, 상을 수상하고, 매스컴에서 자기 이름을 보고 싶어하는 단순한 욕구가 있다. 누군가가 등을 토닥여주거나 '수고했어'라고 격려해주는 것을 싫어하는 사람이 어디 있겠는가.

나는 사업을 하면서 성과를 인정할 때 나타나는 놀라운 힘에 대해 금방 배웠다. 반대로 성과를 인정해주지 않을 때 사람들이 열심히 일하려는 의욕을 얼마나 빨리 잃는지도 깨달았다.

다른 사람의 인생에서 긍정적인 것을 찾는 방법을 배우면 그들이 자랑스럽다는 말을 하기가 얼마나 쉬운지 알 수 있다. 조물주는 우리를 유일무이한 존재로 창조했고 각자에게 재능과 꿈을 부여했다. 또한 우리 모두 특별하고 제각각 특정한 목적을 달성하기 위해 이 땅에 태어났다는 인식을 심어주었다. 이것을 인정하면 최선을 다하고 싶은 욕구가 넘쳐날 것이다. 그렇다고 자만을 하다가 낭패를 보는 일이 있어서는 안 된다.

1959년 내가 제이 밴 앤델과 함께 시작한 암웨이 사업의 시스템은 매우 간단하다. 아는 사람과 새로 만나는 사람에게 제품을 전달하는 한편, 그들 중 사업에 관심을 보이는 사람을 후원하고 그들이 자신처럼 하도록 도와주는 것이 사업의 전부다. 그리고 사업자들은 이때 발생한 매출의 일부를 소득으로 얻는 구조다. 물론 암웨이 사업은 누구의 간섭도 받지 않는 개인 사업이다. 일단 암웨이 사업자로 일하겠다고 신청하면 소비자에게 전달할 제품과 사업 안내서가 담긴 키트를 받는다.

암웨이는 사람과의 관계 속에서 비즈니스가 이뤄지고 사람이 성공을 하려면 인정받을 필요가 있다. 그래서 제이와 나는 사업자들이 여러 단계에서 자신의 성과를 인정받는 시스템을 구축했다. 컨벤션 때 무대 위에 올라가 수많은 사업자 앞에서 자신이 이룬 성과를 인정받게 한 것이다.

우리는 사업자들이 다른 사업자에게 '저 좀 보세요'라고 말할 수 있는 방법뿐 아니라, 그들이 올려다보는 사람들이 '당신이 자랑스럽습니다' 라는 메시지를 전달할 방법도 마련했다.

　이런 방법은 실제로 효과가 있을까? 그 효과는 처음에 세운 목표를 넘어 더 많은 성과를 이룸으로써 인생 자체를 바꿔버린 수천 명의 사업자가 증명한다. '당신이 자랑스럽습니다' 라는 말에는 사람들의 성과를 인정하는 힘뿐 아니라 사람들이 자신이 가능하다고 생각하는 것 이상으로 일을 성취하도록 격려하는 힘도 있다. 그것이 바로 제이와 내가 보상을 넘어 성과 인정을 사업에 포함시킨 이유다. 사람들이 잠재력을 최대한 발휘하고 꿈을 이루도록 동기를 부여하려면 보상만으로는 부족하다는 사실을 배웠기 때문이다.

　제이와 나는 다양한 단계의 경제적 보상과 성과 인정이라는 두 가지 요소를 토대로 삼아 암웨이를 설립했다. 특히 성과 인정을 위해 펄, 에메랄드, 다이아몬드 등과 같이 귀중한 보석들의 이름을 따서 핀을 만들었다. 어쩌면 많은 사람이 보석의 이름을 딴 핀은 별로 효과가 없고 사업자들에게 가장 크게 동기를 부여하는 것은 경제적 보상이라고 생각할지도 모른다.

　보너스를 타서 집과 차를 장만하는 것이 실질적인 동기부여 요소가 아닐까? 과연 누가 에메랄드 핀이나 다이아몬드 핀을 받으려고 열심히 일할 것인가?

　그러나 우리는 다이아몬드 단계에 오르는 것이 사업자들의 성취욕구를 자극하는 데 보너스만큼 혹은 그보다 더 중요하다는 사실을 깨달았다. 암웨이에서 다이아몬드 단계에 오른 사업자들은 사보에 사진이 실리고 수천 명의 사업자 앞에서 무대에 올라 노력을 인정받는다. 사업자들의 환호와 리더들의 축하 속에서 성과를 인정받으면 '당신이 자랑스럽습니다'라는 강력한 메시지가 전달된다.

세 번째 책《내 마음속의 희망(Hope From My Heart: Ten Lessons for Life)》을 썼을 때, 나는 문득 이 책을 다른 사람에게 희망을 주는 사람들의 노력을 인정하는 데 활용하는 것이 좋겠다는 생각이 들었다. 그래서 지역신문에 사람들에게 영감을 줄 만한 이야기나 지역사회에 변화를 일으킨 사례가 실릴 때마다 관련자에게 쪽지 한 장과 함께 내 책을 보내주었다. 쪽지에는 축하의 말과 우리가 다른 사람들에게 희망을 주려고 노력한다는 점에서 서로 닮았다는 내용을 적었다. 그렇게 쪽지를 보내고 난 뒤 나는 책을 보내줘서 고맙다는 인사와 내 편지를 특별한 곳에 보관하겠다는 말이 담긴 답장을 자주 받았다.

이 책에서는 '말'에 대해 소개하고 있지만 단순히 말만 할 것이 아니라 글로 쓰는 방법도 고려해보길 권한다. 간단한 쪽지 한 장 쓰는 데는 단 1분이면 충분하다. 그렇지만 이것은 사람들에게 영감을 불어넣고 격려의 메시지를 전하는 강력한 방법이다. 사람들은 내가 준 쪽지를 냉장고에 붙여놓거나 액자에 넣어둔다. 이것은 '당신이 자랑스럽습니다'라는 메시지에 담긴 힘을 잘 보여주는 사례다.

'당신이 자랑스럽습니다'라는 말을 글로 적으면 메시지의 힘은 더욱 커진다. 수년 전 사람들이 음악 CD부터 이메일에 이르기까지 디

지털 세상의 편리함을 열렬히 받아들일 때 나는 계속 아날로그를 선호했다. 실제로 나는 다이얼식 전화기, 칩이 아닌 튜브가 든 라디오, 일반 우편과 함께 자랐다. 물론 이메일의 빠른 속도와 편리성은 높이 평가하지만 손으로 기록해 우체통에 넣은 쪽지보다 감사나 걱정하는 말을 더 의미 있게 전달할 수 있는 방법은 많지 않다. 손 글씨로 쓴 작은 감사 및 축하 카드를 받았을 때 기분이 어땠는지 기억하는가? 나는 아무리 바쁘고 중요한 직책을 맡은 기업 간부도 다른 이메일이나 비즈니스 서류를 제쳐놓고 손으로 쓴 카드를 먼저 열어볼 것이라고 생각한다.

사업이나 연설을 위해 출장을 밥 먹듯 다니는 나는 실용성을 고려해 전용기를 타고 다닌다. 가끔은 친구들을 전용기로 태워주기도 하는데 바버라 부시(Barbara Bush)는 비행기를 얻어 탈 때마다 고맙다는 인사가 적힌 쪽지를 보내주었다. 바버라는 쪽지를 자주 쓰는데 그것은 우리가 본받을 만한 습관이다. 나는 그녀가 보내주는 쪽지를 소중하게 간직하고 있다. 그녀의 아들인 조지 W. 부시(George W. Bush)에게도 그런 좋은 습관이 있다.

암웨이의 시스템이 큰 오해를 받았던 수년 전, 나는 '필 도너휴 쇼(Phil Donahue Show)'에 게스트로 출연했다. 도너휴를 비롯해 방청객 몇 명은 나와 암웨이를 좋게 여기지 않았다. 나는 전국으로 방송되는 TV 프로그램에서 잘 준비된 프로 인터뷰어와 적대적인 사람들의 질문 공세에 맞서 최선을 다해 나 자신과 암웨이를 변호했다. 프로그램이 끝난 뒤 내가 시청자들에게 어떤 인상을 주었는지, 암웨이와 우리의 사업자들을 어떻게 대변했는지 살피고 있을 때 바버라 부시가 쪽지 한 장을 보내왔다. 쪽지에는 달랑 한 줄의 글만 적혀 있었다.

'디보스 10점, 도너휴 0점'

이 말이 얼마나 큰 힘이 되었을지 생각해보라! 바버라의 이 쪽지는 '당신이 자랑스럽습니다'라는 메시지를 매우 효과적인 방식으로 전달한 대표적인 경우다.

이 책에서 소개하는 여러 가지 말은 글로 옮겼을 때 그 힘이 더 커진다. 즉, 이러한 말은 편지나 쪽지에 기록하는 수고를 들일 가치가 충분하다. 간단한 쪽지를 쓰는 데 시간이 많이 걸리는 것은 아니다. 필요할 때 바로 사용할 수 있도록 쪽지나 카드와 함께 우표를 넉넉하게 준비해두는 것도 좋다. 시인처럼 문체를 유려하게 하거나 글을 길게 쓰려고 애쓸 필요는 없다. 그저 작은 카드 안에 마음 깊은 곳에서 우러나오는 감정을 진솔하게 표현하면 그만이다. 일단 한번 해보면 다음에 누군가에게 감사 인사를 전해야 할 때 생각을 더 빠르고 쉽게 표현할 수 있을 것이다.

감사의 말을 전할 경우 일을 잘해낸 사람의 노력을 인정하거나 누군가를 격려할 때 우리가 그 사람을 잊지 않고 있음을 알릴 수 있어서 좋다. 나는 이런 행동이 최소한의 투자로 뛰어난 결과를 얻는 방법이라고 생각한다.

'당신이 자랑스럽습니다'라는 격려의 메시지는 누구에게나 필요하다. 상대방이 그 메시지를 말, 쪽지, 행동 중에서 어떤 경로로 접하든 상관없다. 사업을 막 시작해 자신감을 키우기 위해 애쓰는 사람이든 이미 최고의 위치에 오른 사람이든 격려가 필요한 것은 마찬가지다. 아이는 부모에게, 학생은 교사나 코치에게, 어른은 동료와 상사에게 격려 혹은 응원의 메시지를 들어야 한다.

지금까지 나는 연설과 강연을 수백 번 이상 해왔지만 청중에게 동기를 부여하고 그들을 격려해달라는 부탁을 받으면 여전히 그런 기회를 얻은 것이 자랑스럽고 그것을 영광으로 생각한다. 초창기에는 연설이 끝난 뒤 아내 헬렌에게 의견을 물었다. 내 인생에서 가장 의미가 큰 사람이 내 노력을 인정해주길 바랐기 때문이다. 고맙게도 헬렌은 내가 원하는 대로 엄지손가락을 치켜들었다. 당시 나는 아내에게 여러 번이나 의견을 물었다. 칭찬을 몇 번 더 듣고 싶어서 일부러 그런 적도 있다. 청중의 기립박수를 받는 것보다 헬렌이 나를 자랑스럽게 여겨주는 것이 더 뿌듯했던 것이다.

'당신이 자랑스럽습니다'라는 말은 살아오면서 상이나 보상을 별로 받아보지 못한 사람, 자신의 능력을 의심하고 자랑스러워할 만한 일을 찾기 어려운 사람에게 특히 도움을 준다. 부모, 교사, 고용주가 '당신이 자랑스럽습니다'라는 메시지를 전달할 방법을 찾는 것이 중요한 이유가 여기에 있다. 무엇보다 나는 성적이 좋지 못한 학생이었기에 격려가 필요한 사람들의 심정을 잘 이해한다.

내 아버지는 내가 열심히 공부하지 않고 빈둥거리는 것을 못마땅하게 생각해 내가 다니던 기독교 고등학교의 수업료를 더 이상 내주지 않았다. 나를 가르치던 라틴어 선생은 내가 라틴어 수업을 재수강하지 않겠다는 조건으로 F 대신 D학점을 주기도 했다.

결국 나는 성적을 더 잘 받기 위해 공부를 열심히 했지만 한 번도 모든 과목에서 A학점을 받은 적은 없었다. 언젠가 나는 어느 고등학교 졸업식에서 이 이야기를 들려주었다. 그런데 공교롭게도 졸업생들 중 다수가 우등생이거나 전국대회에서 상을 받은 학생이었다. 유심히 살펴보니 한 반에서 절반 이상의 학생이 열심히 노력한 공을 인정받아야 받을 수 있는 메달을 걸고 있었다. 아마도 그 학생들은 그날 부모와 교사에게 '네가 자랑스럽구나'라는 말을 여러 번 들었을 것이다.

그날 나는 졸업식 연설을 하면서 우등생이 아닌 학생들에게 초점을 맞추는 것이 중요하다고 생각했다. 그들은 졸업식에서 '네가 자랑스럽구나'라는 말을 들을 일이 거의 없었을 터였다. 어쩌면 그들은 우등생들이 상을 받는 모습을 보면서 자신은 졸업장에 쓰여 있는 일련번호에 불과하다는 느낌을 받았을지도 모른다.

나는 그들에게 졸업반에 있는 모든 학생은 세상을 위해 많은 일을 성취할 수 있다고 격려의 말을 들려주었다. 그들이 내 이야기를 듣고 자신의 미래가 밝다는 것과 그들 역시 우등생만큼이나 꿈을 이룰 재능을 갖추고 있음을 알아차렸기를 바란다.

격려의 말은 사람의 기억 속에 평생토록 남는다. 내 아들 더그는 초등학생일 때 내 격려 덕분에 학교생활에 도움을 받았던 일화를 아직도 기억한다.

어느 날 내가 아들을 학교에 태워다주고 있을 때 아들이 친구를 사귀기가 어렵다고 털어놓았다. 나는 곰곰이 생각하다가 더그에게 네가 먼저 행복한 사람이 되라고 충고했다.

"사람들은 행복한 사람 주위에 있길 좋아한단다."

더그는 그날 차에서 내릴 때 내가 등에 대고 외친 말을 아직도 생생히 기억한다고 했다.

"가서 친구를 열심히 사귀세요, 해피 씨!"

이제 장성한 더그는 한 여자의 남편이자 네 아이의 아빠이며 암웨이의 사장이기도 하다. 그런데도 그날 등굣길에 내가 해준 격려의 말을 아직까지 잊지 않고 있다.

이러한 전통은 우리 집안에 대대로 전해지고 있다. 더그의 딸 중 하나가 남학생으로 가득한 고등학교 신입생 미식축구팀에서 플레이스키커(placekicker: 미식축구에서 볼을 땅에 놓고 차는 선수 –역주) 자리를 따낸 적이 있었다. 미식축구 역사상 남고생 팀에서 뛴 얼마 되지 않는 여고생 중 하나가 된 것이다. 나는 손녀딸이 출전하는 경기를 보러 가서 열띤 응원을 보냈다. 사실은 여학생이 남학생들을 위한 미식축구팀 선발 테스트를 치르는 것 자체가 엄청난 용기와 자신감을 필요로 하는 일이다. 아마 그녀가 자라는 동안 부모가 꾸준히 격려해주었기에 가능했던 일이 아닌가 싶다.

헬렌은 어렸을 때 나나 우리 아이들과는 전혀 다른 환경에서 자랐다. 장모님은 귀한 딸이 다치거나 사고라도 당할까 싶어 헬렌이 자전거를 타는 것과 수영을 즐기는 것을 금지했다. 헬렌은 미시건 호 근처에 살았고 또 가족과 함께 대서양 근처로 여러 번 여름휴가를 떠났기에 수영할 기회가 많았지만 장모님은 헬렌이 물 근처에 얼씬도 하지 못하게 했다.

헬렌은 나를 만난 뒤에야 내 격려에 힘입어 수영은 아니어도 구명조끼를 입고 스노클링을 배웠다. 나는 헬렌이 세계 곳곳에서 스노클링을 즐기는 모습을 보는 것만으로도 무척 자랑스럽다. 이처럼 사랑하는 사람에게 우리가 그들을 자랑스러워한다는 것을 표현하면 그들은 뭍에서 벗어나 새로운 세계를 탐험할 용기를 낸다.

간단한 말 몇 마디에는 정말로 긍정적인 효과를 이끌어내는 힘이 있을까? 의문스럽다면 자녀에게 그들을 자랑스러워한다고 말해주고 어떤 일이 일어나는지 보자. 사실 '당신이 자랑스럽습니다'라는 말은 사람들, 특히 부모, 친구, 선생, 상사, 동료처럼 상대방이 존경하는 사람들 앞에서 들려줄 때 가장 강력한 힘을 발휘한다.

언젠가 나는 그랜드래피즈에 있는 헬렌 디보스 어린이병원(Helen DeVos Children's Hospital)에서 강연을 하기 위해 뉴욕에서 온 세계적인 뇌 전문 외과의와 저녁식사를 함께했다. 그 의사는 내게 병원을 칭찬한 뒤 이런 말을 덧붙였다.

"몇 년 더 지나면 전국 곳곳에서 최고의 외과의들을 모셔올 수 있을 겁니다."

나는 그 말을 듣고 이렇게 대답했다.

"주위를 한번 둘러보세요. 우리 병원에는 이미 자기 분야에서 최고의 위치에 오른 분이 많이 있습니다."

그로부터 몇 년 후 어느 날 우리 병원의 소아 혈액학·종양학과 과장이 그날 저녁식사 때 옆 테이블에 앉아 내 이야기를 들었다고 말해주었다. 그는 내가 의사들에 대해 자랑스럽게 이야기하는 모습을 보고 마치 누가 정성껏 등을 토닥여준 것처럼 힘이 났다고 했다. 그는 재능이 뛰어난 외과의 팀의 일원으로 일하는 것을 자랑스럽게 여겼다. 그리고 내가 훌륭한 의사 앞에서 자기 팀을 자랑스럽게 생각한다고 말하는 것을 들은 것만으로도 가슴 깊은 곳에서 감사하는 마음이 솟구쳤다고 털어놓았다. 나는 그 과장의 말을 듣고 마음이 뭉클해졌다.

나는 다른 사람을 응원하며 살아가고 싶다. 안타깝게도 세상에는 다른 사람을 끌어올리는 대신 끌어내리려는 사람이 이미 많기 때문이다. 이것이 바로 우리가 인간의 무한한 잠재력을 믿고 다른 사람 역시 그렇게 믿도록 격려해야 하는 이유다.

노력해보지 않고 어떻게 자신이 그림을 그리고, 사업체를 운영하고, 제품을 판매하고, 책을 쓰고, 학위를 따고, 직책을 얻고, 연설을 하고, 경기에서 이길 수 있을지 알겠는가? 어떤 분야에서든 인간의 존엄성을 존중하는 사람은 최선을 다해 노력하는 사람에게 '당신이 자랑스럽습니다'라고 쉽게 말할 수 있다.

나는 대통령부터 주차 도우미에 이르기까지 다양한 사람들과 공감할 줄 안다는 평가를 받는다. 그 사실이 나는 무척 자랑스럽다. 전기 기술자로 일한 내 아버지는 대공황 때 일자리를 잃었다. 그렇다고 내가 아버지를 자랑스럽게 여기지 않았던 것은 아니다. 아버지는 나와 누나들을 키우기 위해 고생을 마다하지 않았고 내가 사업가가 되도록 꾸준히 격려해주었다.

수년 전 나는 박사학위 소지자들과 함께 직업교육 심포지엄에 참석한 적이 있다. 그들이 일자리를 잃은 사람들에 대해 나누는 얘기를 들어보니 대체로 이런 식이었다.

"그분을 잘 가르치면 목수 일자리라도 얻을 수 있을 겁니다."

"글쎄요, 그분은 잘해야 고작 배관공 일이나 하게 될 것입니다."

그날 저녁 나는 연사로 무대 위에 섰다. 나는 그 기회를 통해 박사들이 실직자들을 업신여기고 있다는 사실을 지적했다. 이와 함께 우리가 그 자리에 모인 이유는 실직자들이 사회에서 자신에게 꼭 맞는 일을 찾도록 돕기 위해서라는 점을 상기시켰다. 설령 박사들이 보기에 그들이 대학을 갈 수 있을 만큼 똑똑하지 않더라도 말이다.

나는 누군가가 '고작' 배관공이거나 '고작' 영업사원이거나 '고작' 환경미화원이라고 생각하지 않는다. 우리는 모두 존엄성이 있는 인간이며 조물주가 내려준 재능을 이용해 각자 특별한 방식으로 사회에 기여하며 살아간다. 이때 중요한 것은 서로를 존중하는 마음이다. 누구든 일을 잘해낸 사람에게 존중하는 마음을 담아 '당신이 자랑스럽습니다'라고 말해보자.

부모의 경우 자녀에게 '네가 자랑스럽구나'라는 말을 들려줄 최고의 기회가 손 안에 있다. 또한 아이들이 미래에 누릴 성공에 가장 큰 영향력을 행사할 수도 있다. 만약 고용주, 교사, 코치의 역할을 맡았다면 '당신이 자랑스럽습니다'라는 말을 일상생활에서 자주 사용하길 바란다.

나는 우리 모두가 잠재력을 발휘하기 위해 창조되었다고 생각한다. 우리는 알고 지내거나 사랑하는 사람이 잠재력을 최대한 발휘하도록 도울 수 있다. 그저 여러분이 그들을 얼마나 자랑스럽게 여기는지 표현할 방법을 찾기만 하면 된다.

우리가 만나는 모든 사람에게는 '저 좀 보세요'라며 인정받길 원하는 아이 같은 면이 남아 있다. 여러분은 그들을 인정해주고 있는가? 가족, 친구, 이웃, 동료, 직원 들이 올리는 성과가 크든 작든 그것을 알아봐주는가? 여러분은 '당신이 자랑스럽습니다'라는 말 한마디로 그들이 성장하도록 도울 수 있다.

긍정적인 사람이 되기 위한
강력한 10가지 말

6

"감사합니다"

"THANK YOU"
감사합니다

어렸을 때 어른에게 사탕이나 작은 선물을 받았던 일을 기억하는가? 아마 엄마나 아빠가 옆에서 "선물을 받으면 뭐라고 말해야 하지?"라고 넌지시 물었을 것이다. 물론 그런 질문은 '감사합니다'라는 말을 유도하기 위한 것이다. 부모는 자녀가 선물을 받았을 때 '감사합니다'라고 말해 예의를 갖추길 바란다. 자녀가 아무 말 없이 선물을 들고 도망가는 바람에 민망한 상황에 놓이길 바라는 부모는 거의 없다.

책임감 있는 부모는 아이들에게 '감사합니다'라고 말하는 것을 가르치는 데 열과 성을 다한다. 문명사회에 성공적으로 정착한 모든 사람은 '감사합니다'라는 말이 생활화되어 있어야 한다. 가게 점원은 가게를 찾아준 소비자에게 감사를 표한다. 또한 레스토랑에서 웨이

터가 음식을 갖다 주면 손님은 반사적으로 '감사합니다'라고 인사한다. 누군가가 새 옷이나 잘한 일을 칭찬해줄 때도 우리는 '감사합니다'라고 말한다. 가령 다른 사람이 저녁식사를 만들어줄 경우, 차에 태워줄 경우, 선물을 줄 경우 우리는 자동적으로 감사인사를 건넨다.

'감사합니다'라고 말하는 것은 다른 사람의 너그러움을 인정하는 행동이다. 그 사람의 호의와 우리를 생각해주는 정성을 인정한다는 의미다.

'감사합니다'라는 인사에는 누군가가 일을 잘한 것을 고맙게 여기는 마음이 담겨 있다. 또한 그 사람이 우리에게 도움을 주거나 숙련된 서비스를 제공하기 위해 시간을 들여 재능을 계발한 점을 높이 사는 마음도 담겨 있다.

암웨이 국제 본사를 완공했을 때 우리는 당시 하원의원이던 제럴드 포드, 군구(郡區: 미국에서 카운티[county] 아래를 지칭하는 행정구역 단위 -역주) 관리자, 지역 내 비즈니스 리더, 다른 고위 관리들을 초청해 헌정식을 거행했다. 그때 제이와 나는 고위급 인사가 참석한 이 헌정식에 앞서 다른 특별한 행사를 열었다. 본사를 건설할 때 현장에서 애써준 숙련공을 모두 초대해 본사에서 파티를 연 것이다.

그 자리에는 헌신적으로 재능을 발휘해준 숙련공이 대거 참석했다. 그들은 암웨이 본사를 위해 청사진을 그리고, 강철로 만든 대들보를 세우고, 벽돌을 쌓고, 창문을 끼우고, 카펫을 깔고, 휘장을 친 사람들이었다. 숙련공들은 자기 손으로 지은 건물을 둘러볼 기회를 반기며 우리가 연 파티를 즐겼다. 당시 공사 현장에서 일한 숙련공들은 완공된 건물을 둘러볼 기회가 많지 않았다.

우리는 그들을 초대해 완공된 건물을 보여주고 싶었다. 또 그들과 대화를 나누고 무엇보다 악수를 하며 '감사합니다'라는 말을 전하고 싶었다. 숙련공들은 제이와 내가 단지 '감사합니다'라는 메시지를 전하기 위해 그런 파티를 열어 자신들을 초대했다는 사실에 약간 놀란 눈치였다.

이런 행사가 드물다는 것은 우리가 사람들에게 감사인사를 하는 것을 잊을 때가 많다는 사실을 보여준다. 우리는 왜 특정한 사람들에게 감사를 표할 생각을 하지 않는 것일까? 우리는 흔히 건설 프로젝트에서 문제가 발생하면 금세 불평을 늘어놓지만 일이 원활하게 진행될 때는 근로자들의 노력과 전문지식을 당연시한다.

2007년 제이와 내가 그랜드래피즈 시내에 JW 메리어트 호텔을 지었을 때 우리는 다친 사람 없이 건물을 제때 완공했다. 공사가 지연되거나 큰 문제가 생기는 일은 없었다. 숙련공과 도급업자들이 모든 단계에서 일을 잘해주고 의무를 다한 덕택이었다. 근로자들은 매일 제시간에 출근해 하루 일이 끝날 때까지 열심히 일했다. 그들은 아마 가족이 기다리고 있을 집으로 돌아가면서 자신이 특별한 재능을 이용해 그토록 의미 있는 프로젝트에 기여한다는 사실에 큰 자부심을 느꼈을 것이다. 이들이야말로 제이와 내가 헌정식에서 잊지 않고 감사를 표해야 할 사람들이다.

앞서 말한 것처럼 나는 우리 호텔이나 컨벤션 센터에서 다양한 일을 하는 직원들의 노고를 인정하기 위해 최선을 다한다. 우리는 식사를 제시간에 갖다 주는 사람, 늘 미소를 잃지 않고 우리에게 서비스를 제공하는 사람을 잊지 않도록 주의해야 한다.

제이와 내가 운영하는 모든 사업체에서는 전 직원이 매년 크리스마스 선물을 받았다. 그들은 카탈로그를 보고 원하는 선물을 직접 고를 수 있었다. 그것은 제이와 내가 그들의 노고에 감사를 표하는 하나의 방식이었다. 고마움을 표하는 작은 행동만으로도 우리는 다른 사람이 스스로 가치 있다고 느끼도록 할 수 있다.

가족의 경우 너무 편하게 생각하다 보니 우리는 종종 서로에 대한 예의를 잊고 만다. 그래도 고마운 일에는 가족끼리 '감사합니다'라는 말을 하는 것이 좋다. 우리 부부는 아이들에게 그 사실을 분명히 각인시켰고 덕분에 저녁식사를 위해 가족이 식탁에 둘러앉으면 '감사합니다'라는 말이 자주 들려왔다. 이제 우리는 손자손녀와 증손자손녀에게도 똑같이 가르치고 있다.

감사의 말을 전하거나 고마운 마음을 담아 행동하는 것은 누군가에 대한 사랑과 따뜻한 생각을 표현하는 일이다. 누군가에게 작은 선물이라도 건네는 것은 분명 의미 있는 행동이다. 물론 '중요한 것은 마음속 생각'이라는 말도 있지만 사실 가장 중요한 것은 겉으로 보여주는 행동이다. 예를 들면 고마운 사람을 위해 카드를 쓰거나 선물을 준비하는 방법이 있다. 어떤 식으로든 '감사합니다. 노고에 정말 감사드립니다. 일을 잘해주셨고 그 일이 제게 도움이 되었습니다'라는 메시지를 전달해보자.

우리는 고맙다는 말을 해야겠다는 생각만 할 뿐 그것을 실천에 옮기지 않는 경우가 아주 많다. 단순히 고마움을 느끼는 것만으로는 감사하는 마음을 전할 수 없다. 여러분이 좋아하고 따르던 학교 선생님은 안타깝게도 학년이 끝나도록 감사인사를 한 번도 받아보지 못했을지도 모른다. 누군가는 다른 사람이 자신의 재능과 노력을 알아주었다는 사실을 전혀 모른 채 1년을 보냈을 수도 있다. 아마 여러분은 선생님에게 감사인사를 해야겠다는 생각은 해봤을 것이다. 실제로 교실로 찾아가거나 수화기를 들거나 선생님에게 카드 혹은 작은 선물을 건네지 않으면 그 마음은 전달되지 않는다.

고마운 마음을 전할 때는 '감사합니다'라고 간단히 말할 수도 있지만 더 구체적으로 표현하는 방법도 있다. 그 이유가 합당하다면 공을 많이 들인 행동이 더 놀라운 결과를 낸다.

수년 전 내가 우리 지역에 있는 그랜드 밸리 주립대학교(Grand Valley State University)의 이사회에서 활동할 때 학교 재단을 위해 어떻게 하면 기금을 더 많이 조성할 수 있을지를 놓고 토론이 벌어졌다. 나는 사람들에게 감사를 표하는 것이 최선의 방법이라는 의견을 제시했다. 결국 우리는 학교와 지역사회를 위해 힘써준 사람들에게 감사를 표하기 시작했다. 가령 연회에 주빈으로 초대하고, 상을 수여하고, 초상화를 학교 건물에 걸었다.

이 모든 것은 많은 사람에게 '감사합니다'라는 메시지를 전달하는 우리 학교의 전통으로 자리 잡았다. 우리에게 감사인사를 받은 사람들은 저명한 교수나 학교에 크게 기여한 지역사회의 일원이었다. 우리는 공개적인 행동으로 그들에게 '감사합니다'라는 메시지를 전한 것이다.

오늘날 그랜드래피즈에서는 이런 식으로 여러 사람의 공로를 인정해주는 행사가 활발하게 열리고 있다. 우리는 연회장을 꽉 채울 만큼 유명한 연사들을 많이 초청해 정장차림으로 즐기는 만찬을 자주 연다. 특정 조직을 위해 기금을 모금하는 것이 주목적인 행사도 있다. 그런 행사에서는 더 많은 기부자가 조직의 목표를 지지하도록 격려하는 데 그치지 않고 마땅히 감사인사를 받아야 하는 사람들에게 감사를 표한다.

1999년 제이와 나는 경제 발전에 기여한 지 30년이 된 기념으로 감사인사를 받았다. 그랜드래피즈 시내를 부활시킨 공을 인정받은 것이다. 기금모금 행사의 이름은 '르네상스에 감사드립니다, 제이와 리치 씨'였고 고향 주민들은 "그랜드래피즈 시내 지역을 부활시켜 여러 소기업이 번성할 수 있도록 지대한 공을 세운 두 분의 지칠 줄 모르는 노력과 보기 드문 관대함"이라는 표현으로 우리를 높이 평가해주었다.

우리는 그 30년 동안 어린 시절을 보낸 도시를 기쁜 마음으로 도왔고, 감사인사를 염두에 둘 겨를도 없이 쏜살같이 흘러가는 세월을 살았다. 하지만 그렇게 멋진 기념행사의 주인공이 되고 보니 감사인사를 받는 것과 다른 사람에게 감사의 마음을 전하는 것의 중요성이 다시금 가슴에 와 닿았다. 솔직히 나는 그날 여러 사람에게 감사인사를 받는 것이 몹시 즐거웠다.

사람들은 감사인사를 받는 것을 좋아하고 또 그런 인사를 받을 필요도 있다. 우리에게 선물을 주는 사람들을 인정해주지 않으면 호의의 샘물이 말라버릴 우려가 있다. 다행히 특정 목표를 열렬히 지지하거나 그저 마음씨가 고와 좋은 일에 크게 기여하는 사람들도 있다. 그들에게는 상대적으로 적은 노력을 기울여도 감사하는 마음을 효과적으로 전달할 수 있다.

언젠가 나는 그랜드 밸리 주립대학교의 쿡 디보스 건강·과학관(Cook DeVos Health Sciences Building)을 위한 기금모금 행사를 마련한 적이 있다. 당시에는 아직 건물에 이름이 붙기 전이었다. 그날 건강관 주차장에서 나는 어떤 어르신을 만나 대화를 나누었다. 90대에 접어든 그분은 멋진 셔츠와 넥타이, 밝은 청색 스포츠 재킷으로 멋을 내 한참이나 젊어 보였다. 나는 그분에게 "백만 달러짜리 사나이처럼 보입니다!"라고 말했다.

나중에 그분을 건물 안에서 또 만났는데 알고 보니 그는 기부하기 위해 우리 행사에 참석한 분이었다. 나는 그분에게 이렇게 말했다.

"백만 달러짜리 사나이처럼 보이는 어르신께 백만 달러를 기부해 달라고 부탁하고 싶습니다. 우린 백만 달러를 기부하는 분들의 성함을 따서 각 층의 이름을 지을 계획입니다. 너그러운 마음으로 도와주신다면 정말 감사하겠습니다."

그분은 선뜻 돕겠다고 했다. 나는 더 많은 액수를 기부하면 건물 전체에 성함을 붙일 수 있다는 얘기도 해주었다. 그분과 함께 행사에 참석한 손자가 우리의 대화를 듣고는 말했다.

"할아버지, 손자가 있다는 사실을 잊지 마세요."

그분과 이야기를 더 나눈 나는 그가 어떻게 돈을 벌었는지 자세히 들을 수 있었다. 그러다가 인근에서 그를 잘 아는 사람이 거의 없다는 사실을 깨달았다. 그가 어떻게 사업을 시작해서 크게 일구었는지 아는 사람이 없었다. 그때 나는 우리가 각 층에 기부자의 이름만 붙여서는 안 되겠다는 생각을 했다. 학생들이 기부자의 이야기에 영감을 받도록 그들의 이름뿐 아니라 그들이 어떤 사람인지 알게 해야겠다고 생각한 것이다.

사실 대학 캠퍼스에 기부자의 이름이 붙은 건물은 많지만 학생들은 그 사람의 이름만 알 뿐 다른 사항은 전혀 모른다. 우리 학교에서는 층마다 유리로 만든 진열장을 마련해 그 안에 기부자의 이야기와 기념품을 전시하자는 아이디어를 내놓았다. 이제 학생들은 진열장을 들여다보고 '아, 이 사람은 이런 일을 했구나. 그래서 여기에 전시되어 있고 이 층에 이 사람의 이름이 붙은 거구나'라고 생각할 터였다. 이것은 기부자에게 '감사합니다'라는 메시지를 전달하는 아름다운 방법이다.

이렇게까지 정성을 들이지 않아도 누군가를 기리거나 그가 우리 인생에 미친 긍정적인 영향에 감사를 표할 창의적인 방법은 아주 많다. 개인적으로 건네는 감사 편지나 쪽지도 좋은 아이디어지만 사업가, 종교 지도자, 부모 같은 리더가 '감사합니다'라는 말을 전하는 다른 좋은 방법도 많다.

예를 들어 자녀가 학교에서 열심히 공부하면 거기에 대해 고마움을 표해보자. 아이가 좋은 성적을 받거나 고등학교 또는 대학교를 졸업할 때 특별한 선물을 해주는 것도 좋다. 아이와 함께 특별한 날이나 특별한 주말을 보내는 것은 어떨까? 시간은 부모가 자녀에게 줄 수 있는 가장 소중한 선물이다.

내 아들 더그가 열두 살쯤 되었을 때 나는 일하느라 눈코 뜰 새 없이 바빴다. 아니나 다를까 어느 날 더그가 "아빠는 집에 계시는 날이 없어요"라고 지적했다. 내가 "그럴 리가! 집에 자주 있었던 것 같은데"라고 말하자 아들이 "잠깐만 기다려보세요. 달력 좀 가지고 올게요"라는 것이 아닌가. 더그는 부엌에 있는 찬장 문 뒤에 달력을 붙여두고는 내가 집에 없었던 모든 날에 '×' 표시를 해두었다. 내가 달력을 보고 얼마나 깜짝 놀랐을지 상상해보라! 시간은 실제로 가장 소중한 선물이다. 더그의 달력 덕택에 나는 집에 있으면서 아이들과 함께하는 것의 중요성을 깨달을 수 있었다.

그 후로는 출장을 다니느라 바쁠 때도 나는 아이들과 함께할 시간을 내기 위해 그들을 데리고 다녔다. 외국 출장을 갈 때도 아이들을 한 명씩 데리고 갔다. 장남인 딕을 데리고 호주로 출장을 간 것을 시작으로 아이들은 차례차례 2~3주씩 출장에 동행했다. 학교 선생은 썩 달가워하지 않았지만 아내와 나는 그런 기회가 아이들 교육에도 좋고 부모와 아이가 일대일로 이야기할 수 있다는 점에서도 좋다고 생각했다.

우리가 고마워하는 사람 또는 우리에게 서비스를 제공하거나 호의를 베푼 사람에게 감사의 마음을 전하는 것은 매우 중요하다. 평소에 작은 일에도 감사하는 태도를 갖추는 것 역시 대단히 중요하다. 우리는 '감사합니다'라는 말을 절대로 잊어서는 안 된다. '감사합니다'라는 말을 늘 가까이하면서 우리를 매일 도와주는 사람에게 진심으로 감사해야 하는 것이다.

사실 우리는 감사인사를 하는 데는 너무 오래 걸리고 불평은 너무 빨리 쏟아낸다. 어쩌면 자기 자신만 생각하는 데다 사느라 바빠서 고맙다는 말을 해야 한다는 사실을 잊는 것인지도 모른다. 아니면 안락한 삶과 여가를 누리는 데 익숙해진 것일 수도 있다.

흔히 자신이 누리는 좋은 것을 당연시하기 십상이지만 그럴 때는 어느 주택 소유주의 이야기를 떠올리기 바란다. 그 소유주는 부동산 중개업자에게 자기 집이 팔리도록 광고를 내달라고 부탁했다. 그런데 신문에 난 광고를 보고 자기가 살고 있는 집의 여러 가지 매력을 깨달은 소유주는 중개업자에게 전화를 걸어 집을 팔고 싶은 생각이 없어졌다고 말했다. 중개업자가 갑자기 마음을 바꾼 이유가 무엇이냐고 묻자 소유주는 이렇게 대답했다.

"광고를 읽고 내가 이미 항상 살고 싶어 하던 집에 살고 있다는 사실을 깨달았습니다."

노먼 빈센트 필이 오랜 세월에 걸쳐 설교한 것처럼 자신이 안고 있는 문제가 걱정스럽고 긍정적인 면에 초점을 맞추기 어렵다면 '자기 세계'에서 벗어나보자. 즉, 다른 사람의 관점에서 생각해보자. 안타깝게도 우리는 매일 감사할 일이 많음에도 불구하고 늘 불평거리를 찾아낸다. 만약 우리가 우리보다 불우한 사람들을 생각하고 그들을 돕는다면 자신이 놓인 환경에 더욱 감사할 수 있을 것이다.

필 박사는 진정으로 위대한 사람이 위대한 인생을 사는 이유는 다른 사람들을 생각하고 그들에게 호의를 베푸는 습관이 있기 때문이라고 생각했다. 다른 사람에게 호의를 베풀면 내게 호의를 베푸는 사람에게 훨씬 더 고마움을 느끼게 된다. 예를 들면 우리는 식탁에 앉아 음식이 어떻게 식욕을 채워줄 것인지만 생각할 수도 있고 식사를 마련해준 사람의 생각, 기술, 정성을 높이 사 감사하는 마음으로 식사할 수도 있다.

전해 내려오는 이야기 중에 눈보라가 몰아치는 겨울에 농부들이 어느 잡화점의 난롯가에 둘러앉아 나눈 대화가 있다. 한 농부가 말했다.

"1970년에 가뭄이 심했던 것 기억하나? 그때 들판에 있던 작물이 모조리 말라버렸잖아."

다른 농부들이 고개를 끄덕이며 기억한다고 했다. 그때 다른 농부가 말했다.

"1984년에 작물이 잘 자라고 있었는데 비가 한 방울도 오지 않았던 것 기억하나? 그해에도 들판에 있던 작물이 모조리 말라버렸잖아."

모두가 그해도 기억한다고 대답했다. 그들은 일이 잘못된 해를 또렷이 기억했다.

마지막으로 나이 든 농부가 말했다.

"1987년의 일도 잊으면 안 되겠지. 그해에 진짜 풍년이 들었잖아. 모든 게 순조로웠는데 토양에 좀 무리가 갔지."

이 이야기처럼 사람들은 대부분 진정으로 감사하는 데 인색하다. 매일 학교에 가서 새로운 것을 배워오는 자녀가 있다면 아이의 선생님에게 감사의 말을 전해보자. 어린 시절에 경험한 소중한 추억이 있고 사회에 보탬이 되는 어른으로 성장했다면 부모님에게 감사드리자. 지혜로운 충고를 해주는 할아버지, 할머니에게도 감사하고 일자리를 마련해준 고용주에게도 감사를 표하자.

이처럼 감사인사를 해야 할 사람의 명단은 계속 이어질 수 있다. 자기 집·지역·국가에서 사는 것이 안전하다고 생각한다면 이웃, 경찰관, 군인에게 감사인사를 전하자. 일요일에 예배를 보고 나서 마음의 안정을 찾았을 경우 목사님에게 감사드리자. 직장에서 동료가 일을 도와준 덕택에 산더미처럼 쌓여 있던 일이 줄어들었다면 그 동료에게 감사의 말을 전하자.

사람들에게 '감사합니다'라고 말하는 데서 그치지 말고 하늘이 내려준 풍요에도 감사하자. 나와 가족이 건강하게 살 수 있는 공간과 먹을 음식이 있고 입을 옷이 있고 사랑, 웃음, 여유라는 선물을 누리고 있다면 그 많은 은총을 내려준 신께도 감사를 표해야 한다. 그리고 그런 은총을 우리보다 불우한 사람들과 나누는 것도 잊지 말자.

하루하루를 감사하는 마음으로 살고 작은 호의나 배려에도 고마움을 표현하는 것이 좋다. 나는 감사하는 마음에 강력한 힘이 있고 그것이 사회가 더욱 긍정적인 방향으로 나아가도록 돕는 하나의 열쇠라고 생각한다.

7

"당신이 필요합니다"

"I NEED YOU"
당신이 필요합니다

나는 내게 꼭 필요한 사람을 만나야 목숨을 건지는 상황에 놓인 일이 있다. 일흔한 살에 심장에 문제가 생기면서 목숨을 잃지 않으려면 심장 이식을 받아야 했던 것이다. 그런데 미국에 있는 모든 심장센터에 전화했으나 내 나이가 많다는 이유로 모조리 거절을 당했다. 나는 누군가가 절박하게 필요하기도 했지만 새로운 심장도 있어야 했다.

오랜 노력 끝에 나는 내 심장 수술을 맡겠다는 의사를 찾아냈다. 그 은인은 바로 런던 헤어필드 병원(Harefield Hospital)에서 흉부·심장 외과 의사로 일하는 마그디 야쿱(Magdi Yacoub) 박사다. 수술에 앞서 나는 그를 런던에서 만났다. 내가 이식 수술을 견뎌내고 살아남을 수 있을지 그가 알아보고 싶어 했기 때문이다. 그는 내게 말했다.

"이 수술을 시행하기 전에 여쭤볼 것이 있습니다. 수술을 하고 나면 엄청난 고통을 이겨내고 여러 가지 상황을 견뎌야 합니다. 그럴 만한 정신적 태도와 의지를 갖추고 있는지 알고 싶습니다."

의사의 질문은 사실상 '계속 살아야 할 이유라도 있습니까?'라는 것이었다. 그 자리에는 헬렌과 두 아들도 함께 있었다. 내 눈앞에 내가 살아야 할 세 가지 이유가 있었던 것이다. 나와 더 얘기를 나눈 뒤 평가를 끝낸 박사는 나를 환자로 받아들이겠다고 결정했다.

그가 내 수술을 집도하는 데 동의해준 것이 얼마나 고마웠는지 모른다. 나는 세상에서 유일하게 내 목숨을 구해줄지도 모를 그 의사가 꼭 필요했다. 다행히 5개월을 기다린 끝에 나는 새 심장을 구했다는 연락을 받았다.

이식 수술은 내 목숨이 신의 손에 달려 있다는 사실을 다시금 일깨워주었다. 일흔한 살의 나이에 심장을 이식받는 것은 미국에서는 불가능하고 영국에서도 흔한 일이 아니었다. 내 수술을 맡을지 말지 고민해준 의사를 찾은 것만으로도 기적에 가까운 일이었다.

내 나이뿐 아니라 혈액형도 문제가 될 소지가 있었다. 다른 혈액형에 비해 흔치 않은 혈액형이라 기증자를 찾을 확률이 상대적으로 더 낮았던 탓이다. 그런데 의사는 내가 흔치 않은 AB형이라 오히려 다행이라고 말했다. 간혹 병원에서 AB형 환자의 심장을 사용하지 않고 보관하는 경우가 있었기 때문이다. AB형이 흔했다면 나는 심장을 이식받을 후보자 명단에 올라가지도 못했을 것이다.

난관은 또 있었다. 나는 미국인이라 모든 영국인 후보자가 사용할 수 없는 심장만 이식받을 수 있었다. 한술 더 떠서 내게 필요한 심장은 우심실이 확장된 것이어야 했다.

내가 나날이 야위어가는 동안 나를 돌봐주던 심장 전문의 엠마 버크(Emma Birk)가 기증자를 찾아냈다. 나와 같은 병원에 입원한 어느 여성이 폐 이식을 필요로 했는데 의사들은 보통 폐와 심장을 함께 이식하길 선호한다. 마침 병원에는 교통사고로 참변을 당한 사람의 심장과 폐가 있었고 의사들은 그것을 그녀에게 이식하기로 했다. 덕분에 그녀의 건강한 심장은 더 이상 필요가 없었다. 누군가에게 아주 소중하게 쓰일 심장이 그녀에게는 필요 없었던 것이다.

더 놀라운 사실은 그녀의 우심실이 보통 크기보다 커지는 바람에 폐에 문제가 생긴 것이라는 점이다. 이 얼마나 기적 같은 일인가! 이 기적을 설명할 수 있는 것은 단 하나, 신의 은총뿐이다.

내가 닥터 야쿱을 필요로 했던 것처럼 누군가는 우리만 믿고 있다. 누군가는 우리를 필요로 한다. 우리 모두 누군가에게 도움이 될 수 있다는 사실을 의심하지 말자. 그리고 배우자, 자녀, 직원, 동료뿐 아니라 우리가 사는 지역을 위해 애쓰는 사람들에게도 이 사실을 말해주자.

암웨이는 '우리'가 중심이 되는 사업체로 암웨이 사업자들은 'There's no I in TEAM(우리는 한 팀이다)'이라는 말을 자주 사용한다. 각 사업자의 성공이 회사 전체의 성공에 기여하는 구조이기 때문이다. 또 각 사업자의 성공은 정도의 차이는 있지만 자신이 후원하는 사업자의 성공에 달려 있다. 이를테면 가장 많은 것을 성취한 사업자는 가장 많은 것을 성취한 사업자를 후원한 사람이다. 그래서 나는 '당신이 필요합니다'라는 말을 자주 사용한다. 이 말은 긍정적인 사람에게 동기를 부여할 때도 큰 힘을 준다.

우리는 누구나 다른 사람을 도울 수 있다는 사실을 알아야 한다. 역으로 누군가의 도움 없이 인생을 살 수 있는 사람은 극히 드물다.

가끔은 우리가 예전에 필요로 했거나 여전히 필요로 하는 사람들에 대해 생각해보자. 부모와 배우자 외에 나를 도와준 팀 동료나 직장동료를 비롯해 큰 어려움에 처했을 때 유일하게 도와준 진정한 친구가 떠오를지도 모른다. 나아갈 길을 안내해준 특별한 스승과 코치, 위험한 상황에 놓였을 때 도와준 경찰관 혹은 소방관, 배수관이 터졌을 때 일을 처리해준 배관공도 생각해보자.

마음이 울적할 때 따뜻한 얘기를 들려준 어른, 저녁식사를 준비하다가 중요한 재료가 떨어졌을 때 도와준 이웃, 자동차 사고를 당했을 때 달려온 보험회사 직원, 아플 때 치료해준 의사에 이르기까지 우리가 필요로 하는 사람은 아주 많다.

사람들은 대체로 밥을 먹으면서 농부의 노고에 대해 아예 또는 거의 생각하지 않는다. 음식이 어디에서 오는지조차 생각해보지 않는다. 전등 스위치를 켰는데 불이 들어오지 않을 때, 수도꼭지를 돌렸는데 깨끗한 물이 나오지 않을 때라야 비로소 전기와 수도의 원활한 공급을 위해 힘쓰는 사람들을 떠올린다.

겨울날 아침 출근길에 말끔히 눈을 쓸어낸 도로를 보면 누군가가 밤새 고생해서 눈을 치웠다는 것을 알 수 있다. 나는 가끔 추운 밤에 그랜드래피즈 공항에 내렸는데 그때 관제탑에서 기장이 부드러운 목소리로 '착륙해도 좋습니다'라고 말하면 공항 직원들이 일을 제대로 하고 있음을 새삼 깨달았다.

마찬가지로 9·11 테러는 소방관과 경찰관이 목숨을 걸고 우리를 보호해준다는 사실을 모두에게 상기시켰다. 우리가 그들의 일에 대해 별로 생각하지 않는 순간에도 그들은 묵묵히 일해 온 것이다.

현재의 세계정세를 지키기 위해 헌신하는 남녀 군인들의 노고도 간과해서는 안 된다. 수년 전 나는 샌디에이고에서 작전 중인 항공모함 컨스텔레이션(U.S.S. Constellation)에 탑승하는 영광을 안았다. 나는 사병들이 그 큰 배 위에서 야간비행 작전을 수행하는 모습을 보면서도 내 눈을 믿기 어려웠다. 고도로 숙련된 해군 장교들은 수천만 달러짜리 전투기를 타고 정밀 이착륙을 수행했다. 그들은 언젠가 병력과 최첨단 항공모함을 동원해 해로를 방어해야 할지도 모를 상황에 대비하고 있었다. 해로는 국가에 필요한 해외 물자를 나르는 데 필수적인 통로다.

나는 비행기를 탈 때마다 '당신이 필요합니다'라는 말을 떠올린다. 경비행기 조종사 자격증 소지자이자 전용기를 자주 타는 사람으로서 나는 항공기끼리 서로 충돌하지 않도록 방지해주는 항공관제

시스템을 자주 이용한다.

특히 대서양을 횡단할 때는 항공관제 시스템이 더욱 절실하다. 대양을 횡단할 경우에는 레이더를 이용할 수 없기에 실력이 출중한 조종사도 항공 관제사에게 의지할 수밖에 없다. 조종사들은 관례에 따라 대서양 곳곳에 있는 검문 구간에서 항공기의 위치를 보고해야 한다. 자신이 탄 항공기의 앞, 뒤, 위, 아래에 다른 항공기가 있을지도 모르기 때문이다. 조종사들은 다른 항공기를 직접 볼 수 없지만 모든 조종사가 검문 구간을 통과할 때마다 항공기의 위치와 통과 시간을 보고하므로 항공 관제사는 모든 항공기의 위치를 파악할 수 있다.

대서양 위를 비행하는 항공기는 저마다 다른 항공로를 이용한다. 이것은 눈에 보이지 않는 하늘 위 고속도로를 연상하면 된다. 예를 들어 뉴욕에서 파리까지 가는 비행기를 타면 눈에 보이지는 않지만 1,000피트(약 304미터) 간격을 두고 위아래, 앞뒤로 다른 비행기들이 있다. 내가 경비행기를 조종하던 시절 항공 관제사가 내 뒤에 있는 비행기가 지나갈 수 있도록 더 위로 날거나 더 아래로 날라고 지시하는 경우가 많았다.

만약 항공관제 시스템이 없다면 위에 있는 비행기가 아래로 내려와 내가 탄 비행기와 충돌하거나 뒤에 있는 비행기가 너무 빨리 날아오는 것을 막을 방법이 없을 것이다. 항공 관제사들은 이런 방식으로 매일 오후 미국에서 출발해 그다음 날 아침 유럽의 공항에 도착하는 수백 대의 항공기를 안내한다. 그 항공기들이 전부 미국으로 돌아올 때도 마찬가지다. 이처럼 다른 사람에게 큰 도움을 주는 몇 명의 능력에 수백만 명의 목숨이 달려 있는 경우도 있다.

어쩌면 여러분은 자신이 사는 지역사회에 꼭 필요한 사람들을 이미 알고 있을지도 모른다. 내가 사는 지역사회의 경우 주민들이 벌이는 여러 활동을 보면 내가 필요로 하는 사람들이 여기에 살고 있다는 사실이 새삼 와 닿는다.

예를 들어 우리는 2000년 새천년이 밝아온 것을 기념하기 위해 프로젝트를 담당할 위원회를 구성했다. 그 프로젝트의 목표는 버려진 땅에 공원을 조성하는 것이었다. 공원은 완공되면 뉴욕의 센트럴 파크(Central Park)보다 규모가 클 예정이었다. 그 밀레니엄 파크(Millennium Park)는 성공적으로 완공되어 오늘날 해변이 딸린 비치 하우스, 산책용 오솔길, 소풍 공간, 어린이 놀이터, 카누와 낚시를 즐길 수 있는 연못 등을 갖추고 있다. 우리 지역에서는 이 공원 외에도 야심찬 프로젝트를 여러 개 준비하고 있다.

이 모든 것은 한 자원 봉사자의 근면한 태도가 아니었다면 결코 빛을 보지 못했을 것이다. 피터 세키아(Peter Secchia)는 이탈리아에서 미국 대사로 활동하다가 은퇴한 뒤 이 프로젝트를 맡았다. 그는 우리 지역사회에서 사업가이자 기업가로 널리 알려진 인물이기도 했다. 세키아는 프로젝트의 비전을 홍보하고 필요한 기금을 모금했으며 정부 및 여러 사업체와 긴밀히 협력해 주민들의 꿈을 실현하기 위해 애썼다. 지역사회의 유명명사인 데이비드 프레이(David Frey)와 존 카네파(John Canepa) 역시 자원 봉사자로 참여해 귀중한 시간과 재능을 투자했다.

이런 사람들은 우리에게 꼭 필요한 사람들의 한 유형이다. 자원 봉사자 없이는 기금모금 전화를 걸거나 선거운동을 준비할 수 없다. 또한 자원 소방서, 걸스카우트·보이스카우트, 리틀 리그 어린이 야구팀도 운영하지 못할 것이다. 자신이 속한 지역사회를 둘러보고 자원 봉사자가 없었다면 존재하지 않았을 것에 대해 생각해보자.

살아가면서 너무 많은 사람이 필요하다 보니 우리는 그들의 도움을 당연시하는 경향이 있다. 예를 들어 환경미화원을 생각해보자. 우리가 버리는 쓰레기를 가져가 처리해주는 사람이 없으면 세상은 어떻게 될까? 여기에 소개하는 이야기는 다른 자리에서 말한 적이 있지만, 이것이 '당신이 필요합니다'라는 메시지를 전달하는 데 완벽한 사례라고 생각하기에 한 번 더 들려주고자 한다.

어느 여름날 우리 가족은 훌륭한 환경미화원이 일하는 지역에 위치한 오두막에 묵었다. 그런데 그 환경미화원이 어찌나 시간을 철저하게 지키던지 우리가 그의 활동 시간에 따라 시계를 맞춰도 좋을 정도였다. 그는 쓰레기통을 집어던지거나 뚜껑을 시끄럽게 닫지도 않았다. 아침 일찍 쓰레기를 수거하러 오는 그는 집 안에서 자고 있을 사람들을 세심하게 배려했다.

그러던 어느 날 잠에서 일찍 깬 나는 새벽 다섯 시 반에 나타난 그와 마주쳤다. 내가 그에게 말했다.

"당신이 일을 얼마나 잘하고 있는지 꼭 알려주고 싶었습니다. 우리가 이곳에서 당신을 얼마나 필요로 하는지도 말하고 싶었고요."

그는 나를 이상하다는 듯한 표정으로 쳐다보더니 트럭을 타고 가버렸다.

그다음 주에 나는 일부러 일찍 일어나 그가 오기를 기다렸다. 그리고는 그가 우리 가족이 내놓은 쓰레기를 트럭에 싣는 것을 지켜보았다. 나는 또 이야기했다.

"일을 정말 멋지게 처리하는군요. 우리가 이 가치 있는 서비스를 얼마나 필요로 하는지, 이렇게 열심히 일하는 당신에게 얼마나 감사하는지 알았으면 좋겠습니다."

그는 나를 바라보더니 물었다.

"긴 밤을 보내고 이제 막 돌아온 것입니까, 아니면 아침을 이렇게 일찍 시작하는 겁니까?"

나는 그에게 일을 훌륭하게 해내고 있다는 말을 해주고 싶어서 일찍 일어났다고 솔직하게 이야기했다. 그해 여름 나는 그를 한 번 더 만나 마지막으로 이야기할 기회를 얻었다. 그가 말했다.

"이 일을 12년 동안이나 해왔지만 여태까지 내가 하는 일의 가치를 알아준 사람은 아무도 없었습니다."

만일 여름 내내 쓰레기가 쌓여 있었다면 그 오두막 촌이 얼마나 오랫동안 버틸 수 있었을까? 비록 우리가 환경미화원에게 그들이 꼭 필요하다는 말은 하지 않을지라도 우리는 분명 그들을 필요로 한다. 아쉽게도 우리는 수많은 사람의 수고를 너무 당연시하는 경향이 있다.

'당신이 필요합니다'라고 말하는 것은 아주 중요하다.

"이 문제를 해결하는 데 당신이 필요합니다."

"우리와 꼭 함께 일해주어야 합니다."

"이 사업에 당신이 반드시 필요합니다."

"우리 지역사회의 중요한 일원인 당신이 꼭 필요합니다."

우리가 여러 사람에게 의지하고 있다는 사실을 인정한다고 해서 문제될 것은 없다. 사업을 위해 고객이 필요했던 제이와 나는 그들에게 단도직입적으로 사업상 그들이 필요하다고, 그들이 우리에게 중요한 존재라고 이야기했다.

주위를 둘러보면 우리가 살아가는 데 필요한 사람은 끝없이 많다. 하지만 그 많은 사람 중에서 우리가 그들을 필요로 한다는 말을 한 번이라도 듣는 사람은 드물다. 우리는 그들의 수고를 당연시하고 그들의 존재에 대해 별로 생각하지 않는다.

직위가 높은 사람이라고 해서 직위가 더 낮은 사람에게 '당신이 필요치 않습니다'라고 쉽게 말할 수 있을까? 그렇지 않다. 사장만 가득한 회사가 성공적으로 돌아갈 수는 없기 때문이다. 겨울에 제설차 운전자가 눈을 치워주지 않으면 회사 사장은 자동차를 타고 출근할 수 없다. 관리인이 없으면 임원 전용 화장실도 별로 쓸모가 없고 제품을 생산하거나 기계를 점검 및 보수하는 사람이 없으면 회사는 금세 난장판이 되고 만다.

우리가 속한 가정, 학교, 회사, 지역사회 모두 마찬가지다. 사회 전체의 생존은 우리가 서로를 필요로 한다는 사실에 바탕을 두고 있다.

여러분은 은둔형 외톨이를 몇 명이나 알고 있는가? 외톨이는 보기 드물고 또 이상한 사람으로 취급받는다. 다른 사람 없이 혼자 살아갈 수 있는 사람이 워낙 드물기 때문이다. 바브라 스트라이샌드(Barbra Streisand)가 〈피플(People)〉에서 노래하듯 "사람이 필요한 사람이 세상에서 가장 운 좋은 사람이다."

'당신이 필요합니다'라는 메시지는 우리가 살고 있는 자유로운 사회에 깊이 뿌리박고 있다. 나는 미국 경제가 잘 돌아가는 이유 중 하나는 사람들이 누군가에게 도움을 주는 것을 좋아하기 때문이라고 생각한다.

아침마다 가게 문을 열고, 제품을 제시간에 배달하고, 직원들을 감독하는 것처럼 우리가 다른 사람에게 필요한 일을 하고 있다는 사실을 알 때 목적의식이 생긴다. 다른 사람을 돕고 싶은 마음이 근무 동기 중 하나인 직업을 꼽으라면 교사, 경찰관, 소방관, 간호사, 의사 등 수많은 직업이 떠오를 것이다.

나는 우리 모두에게 다른 사람을 격려할 책임이 있다고 본다. 그저 기회가 닿을 때마다 그들의 노고를 인정해주면 된다. 사람들이 내게 "직업이 무엇입니까?"라고 물으면 나는 "치어리더입니다"라고 대답한다. 그렇다. 나는 여기저기 돌아다니며 사람들을 응원한다. 그들을 격려하고 달려가 등을 토닥이며 그들에게 멋진 사람이라고 말해준다.

사실 암웨이는 사람들의 사기를 진작시키는 것으로부터 출발했다. 우리는 사람들에게 그들이 얼마나 대단한지, 그들이 얼마나 많은 일을 해낼 수 있는지 상기시키는 데 전념했다.

'당신이 필요합니다'라는 메시지는 긍정적인 사람이 되는 데 반드시 필요한 강력한 말이다. 우리는 잉여 인간이 아니다. 우리는 비행기가 계속 하늘에 떠 있도록 다른 부품과 함께 기능하는 제트엔진의 부품과 같다. 또한 우리는 오케스트라를 완성하는 데 필요한 악기이자 승리하는 미식축구팀 구성에 필요한 열한 번째 선수이기도 하다.

다른 사람이 우리를 필요로 한다는 것을 알 때 우리는 스스로를 더 좋게 생각하고 일의 성과도 좋아진다. 심지어 우리가 얼마나 큰 도움을 줄 수 있는지 보여주기 위해 일을 더 많이 하고 싶어 하기도 한다.

암웨이의 사장으로 근무하던 시절 나는 종종 우리 회사의 제조 공장을 둘러보았다. 여러 가지 기계와 조립라인이 놀랍고 신기했기 때문이다. 조립라인에서는 재료를 혼합해 가정용품을 제조하고, 상자와 병을 효율적으로 만들고, 용기에 가루나 액체를 채워 넣고, 소비자에게 운송하도록 용기에 라벨을 붙이는 작업을 수행했다.

하지만 나는 항상 기계 자체보다 그런 기계를 구상한 사람과 부품을 만들어 기계를 조립한 사람들에게 더 관심이 갔다. 무엇보다 내가 가장 큰 관심을 기울인 존재는 조립라인과 공장에서 일하는 우리 회사 직원들이다.

그들은 매일 공장으로 출근해 일을 훌륭하게 해낸다. 2킬로미터에 달하는 제조공장과 사무실 단지가 활기차게 돌아가는 것은 수천 명의 직원이 열심히 일하기 때문이다. 이런 모습은 미국 내는 물론 전 세계적으로 수천 군데의 회사에서 볼 수 있는 광경이다.

나와 함께 공장을 둘러본 사람들은 내가 직원들과 사이좋게 지내는 모습을 보고 긍정적인 말을 해주었다. 내가 직원들에게 관심을 보이고 그들과 담소를 나누는 모습, 그들이 조립라인에서 잠시 벗어나 나와 악수를 하거나 일을 하다가 나를 올려다보고 밝은 미소로 "안녕하세요, 리치 씨"라고 인사하는 모습이 놀라웠던 모양이다.

나는 직원들과의 좋은 관계는 많은 부분에서 서로의 필요에 따른 것이라고 본다. 제이와 내게는 우리 사업에 필수적인 일을 해줄 직원들이 필요했고 또 직원들은 자신의 생계유지를 위해 우리를 필요로 했다. 나는 직원들이 없으면 단 하나의 제품도 생산 및 운송할 수 없다는 사실을 그들에게 알려주었다. 우리의 사업자들 역시 자기 사업을 펼치기 위해 공장에서 일하는 모든 직원을 필요로 한다.

나는 직원들이 어떤 일을 맡았든 그들 각각이 가치 있는 존재임을 알고 있다는 사실을 가끔 상기시킨다. 우리는 모두 신의 창조물로 특정한 목적을 위해 태어났으므로 인간으로서 존중받을 가치가 있다.

수년 전 나는 래리 킹이 플로리다에서 진행하던 심야 라디오 토크쇼에 게스트로 출연해 재미있는 시간을 보냈다. 전국에 있는 청취자들이 전화를 걸어 다양한 의견을 들려주었기 때문이다. 사실은 그날 재미있기만 했던 것은 아니다. 안타깝게도 나는 우리가 사는 세계에 대해 환멸을 느껴 낙담하고 실망한 청취자의 의견도 들었다.

어느 청취자가 전화를 걸어 내게 말했다.

"저는 자본주의와 공산주의의 차이를 모르겠습니다. 우리는 공산주의 치하에서는 국가의 노예이고, 자본주의 국가에서는 돈에 눈이 먼 재벌들의 노예잖아요. 누구의 노예든 우리는 모두 노예일 뿐입니다."

나는 그처럼 왜곡된 역사관을 보여준 그가 가여웠다. 우리가 자유를 누리면서 이룬 성과를 망각하고 있기 때문이다. 당시 나는 그 청취자의 태도에 성공에 대한 두려움과 리더들을 향한 불신이 반영되어 있다고 생각했다.

지금 다시 생각하니 그는 자신이 사회에 보탬이 된다는 생각을 한번도 해본 적 없고, 누군가가 그의 노고를 인정해주지도 않았을 것같다. 그래서 자기 자신을 노력을 인정받는 존엄성이 있는 사람이 아니라 노예처럼 느꼈던 것이다.

그 청취자처럼 자신을 더 나은 사회와 미래에 기여할 수 있는 자유인이 아니라 노예로 오해하는 사람은 여전히 많다. 그들에게 절실하게 필요한 것은 바로 '당신이 필요합니다'라는 말이다.

리더로서 여러 사람을 이끌어본 경험이 있는 나는 리더가 '당신이 필요합니다'라는 메시지를 전달할 줄 아는 것이 얼마나 중요한지 알고 있다. 사람들을 효과적으로 리드하고 여러 추종자의 존경을 받는 리더는 그들이 얼마나 필요한 존재인지 잘 안다.

어떤 리더는 직위가 높아질수록 뒤에 남겨둔 사람이나 더 이상 필요치 않다고 여기는 사람을 잊어버린다. 이것은 치명적인 실수다. 구성원이 스스로를 그다지 필요가 없는 존재로 여기는 조직은 실패하거나 적어도 불확실성과 불만족으로 점철된 험난한 길을 걷고 만다.

다른 사람이 필요치 않을 만큼 대단하거나 스스로 자급자족할 수 있는 사람은 아무도 없다. 그러니 다른 사람에게 '당신이 필요합니다'라는 말을 들려줌으로써 가정, 직장, 지역사회에 보다 긍정적인 분위기를 조성해보는 것이 어떨까?

긍정적인 사람이 되기 위한
강력한 10가지 말

8

"당신을 믿습니다"

"I TRUST YOU"
당신을 믿습니다

언젠가 한 친구가 내게 집안 전통인 '신뢰 메달' 이야기를 들려주었다. 그 집안 아이들은 스물한 살이 되면 신뢰 메달을 받을 자격을 얻는다. 하지만 나이만 채운다고 메달을 받을 수 있는 것은 아니다.

메달을 받으려면 가정에서뿐 아니라 지역사회에서도 사람들과 신뢰를 바탕으로 좋은 관계를 유지해야 한다. 즉, 아이들은 규칙과 가치에 맞춰 생활하고 나쁜 일에 휘말리지 않으며 부모의 신뢰를 얻어야 한다. 이때 부모의 신뢰를 얻는다는 것은 곧 부모가 아이들을 믿는다는 뜻이다.

온 가족이 아이의 스물한 번째 생일을 축하하기 위해 모이면 아이에게 신뢰 메달을 수여하고 모두가 그 기쁨을 함께 나눈다. 나는 이것이 가정에서 서로 믿음직스러운 사람이 되도록 격려하고 집안사람들이 인간관계에서 신뢰를 얼마나 가치 있게 여기는지 보여주는 좋은 아이디어라고 생각한다.

'당신을 믿습니다'는 긍정적인 사람이 되는 데 필요한 말 중에서도 아주 중요한 말이다. 우리 사회의 성공 여부는 누군가가 일을 제대로 할 것이라는 믿음, 서로가 정직하게 행동할 것이라는 믿음, 사람들이 약속을 지킬 것이라는 믿음에 달려 있다. 동료와 가족 간에는 신뢰가 필요하며 우리는 아이들을 믿고, 아이들은 우리를 믿어야 한다.

신뢰를 바탕으로 막중한 책임을 맡은 사람도 많다. 생각해보면 우리가 하는 활동은 대부분 정도의 차이는 있을지언정 모두 신뢰에 바탕을 두고 있다. 교통체증 상태에서 하는 운전, 회사일, 매달 지불받는 월급, 쇼핑, 은행 업무, 결혼생활, 원만한 대인관계 등 신뢰가 필요치 않은 활동은 거의 없다. 솔직히 신뢰가 가지 않는 사람과 잘 지내고 싶은 사람은 없을 것이다. 믿음이 가지 않는 리더를 따르려 하는 사람은 더더욱 없다.

신뢰는 리더가 갖춰야 할 핵심적인 자질 중 하나로 훌륭한 리더가 되기 위해서는 반드시 믿음직스러워야 한다. 리더십은 일상생활, 즉 가정에서부터 시작된다. 가정에서 리더는 믿음직스러워야 하며 다른 가족 구성원이 기꺼이 따를 만한 자격을 갖춰야 한다.

모든 부모는 가정에서 리더의 역할을 맡는다. 따라서 부모는 아이들에게 신뢰감을 주고 자신이 사실을 말한다는 것, 인생을 올바르게 살고 있다는 것을 보여주도록 노력해야 한다.

이는 직장에서도 마찬가지다. 리더는 아랫사람에게 자신이 윤리적으로 견실하게 회사를 운영하고 모든 직원을 공정하게 대한다는 믿음을 주어야 한다. 만약 우리가 정부에서 일하는 여러 리더를 믿지 못하면 민주주의 체제는 와해될 위험에 처할 것이다.

여러분이 믿음직스러운 모습을 보이면 사람들은 여러분처럼 되고 싶어 하거나 친구가 되려고 한다. 여러분을 따르거나 여러분과 동업 혹은 협력관계를 맺으려 할 수도 있다. 어떤 유형의 인간관계에서든 함께 어울리고 싶은 사람을 고려할 때 신뢰는 분명 우리가 다른 사람에게서 찾는 여러 특성 중 하나다.

나는 지금까지 신뢰를 바탕으로 모든 인간관계를 형성해왔다. 사업 초기에 지은 작은 제조 공장부터 2킬로미터 가까이 펼쳐진 본사 건물 단지에 이르기까지 제이와 나는 여러 암웨이 건물을 간단한 악수 한 번으로 설립했다. 암웨이 그랜드 플라자 호텔도 마찬가지다. 정식 계약서 같은 것은 없었다. 사업 초기에 우리는 댄 보스(Dan Vos)라는 건축업자와 함께 일했는데 그가 건축 계획서와 견적서를 내밀면 제이와 나는 "좋아요. 이대로 진행합시다"라고 말했다. 일이 끝나면 댄은 전체 건축 비용을 계산한 뒤 말했다.

"이것이 전체 비용입니다. 이건 제 수수료 10퍼센트고요."

그는 건축 비용의 10퍼센트를 수입으로 가져갔다. 물론 우리가 맨 처음에 지은 건물은 규모가 작았기 때문에 설령 계약에 문제가 생겨도 잃을 것이 많지 않았다. 그렇지만 우리는 큰 건물을 지을 때도 믿음직스러운 댄과 함께 똑같은 방식으로 일을 진행했다.

　안타깝게도 모든 사람이 댄처럼 믿음직스러운 것은 아니다. 우리는 빈말을 하는 사람 혹은 자신의 이득을 위해 시스템을 악용하는 사람과도 상대하며 살아야 한다.

　사회적으로 불신 풍조가 만연하면서 우리는 갈수록 낯선 사람을 더욱 경계하고 있다. 은행이나 상점 중에는 신분 도용을 방지하기 위해 수표를 현금으로 바꾸려면 신분증을 두 개 이상 요구하는 곳도 있다. 테러 위협 때문에 우리는 공항에서 검색대를 통과할 때 신발을 벗으라는 요구를 받기도 한다.

　하지만 매일 이뤄지는 상업적 거래를 고려하면 위조 수표가 유통되거나 보안에 위협이 될 만한 사건이 발생하는 비율은 극히 낮다. 다행히 대부분의 사람이 믿음직스럽게 살기를 원하는 덕분에 우리 사회와 경제는 계속 돌아가고 있다.

　제이와 함께 일하던 시절 우리는 서로에 대한 신뢰가 매우 깊었다. 둘 중 한 사람이 비용이 많이 드는 결정을 혼자 내리더라도 다른 사람이 그것을 그대로 수긍할 정도였다. 둘 중 누군가가 단독으로 결정을 내려도 둘 다 그 결정을 따르겠다는 무언의 약속이 있었던 것이다. 내가 혼자 결정한 일이 있으면 제이는 이렇게 말했다.

　"리치가 약속했다면 저는 그것으로 충분합니다."

　반대로 제이가 혼자 결정한 일이 있으면 나는 다음과 같이 말했다.

"아, 괜찮습니다. 제이가 한 말이라면 저도 동감입니다. 제가 자리에 없을 경우 제이가 혼자 결정을 내립니다."

신뢰는 서로에 대한 경험을 통해 쌓여간다. 제이와 나는 처음 친해지기 시작할 무렵부터 서로를 신뢰했다. 그리고 이미 고등학교 시절에 함께 사업을 하기로 약속했다. 우리의 유일한 질문은 "어떤 사업을 하지?"였다.

제2차 세계대전이 막 끝난 뒤 제이가 비행 사업을 시작했을 때 나는 여전히 외국에서 복무하고 있었다. 제이는 전쟁이 끝나고 나보다 일찍 고향으로 돌아왔고 비행학교를 시작하기 위해 이것저것 알아보았다. 우리는 제2차 세계대전이 끝나면 비행 산업이 급성장할 것이라고 예상했다. 전쟁을 치를 때 비행기와 조종사가 워낙 많아 뒤뜰에 비행기를 한 대씩 소유하는 사람이 늘어날 것이라고 생각한 것이다. 아쉽게도 그런 일은 일어나지 않았지만 비행 산업은 우리가 상상하지 못한 방향으로 급성장했다.

제이가 편지를 보내 새로 공항을 건설하려는 사람과 이야기가 진행 중이라고 알렸을 때 나는 여전히 마리아나 제도(Mariana Islands: 서태평양 미크로네시아의 서북쪽에 있는 섬들 –역주)에 있었다. 그 사람은 마을의 북쪽 끝자락에 소위 '동네 공항'을 만들 계획이었다. 제이는 공항 운영, 비행 강습, 기타 비행 서비스 제공 등을 도와줄 투자자를 찾고 있다고 했다. 나는 아버지에게 내가 모은 돈을 전부 제이에게 전해달라고 부탁했다. 그것은 내가 매달 공군 월급으로 받은 60달러를 저축

해서 모은 700달러였다. 내가 아무것도 묻지 않고 친구인 제이에게 전 재산을 넘겨준 것은 '당신을 믿습니다'라고 말하는 것이나 마찬가지였다.

신뢰는 친구 사이뿐 아니라 지역사회에도 반드시 필요하다. 그러면 우리 사회가 어떻게 신뢰를 바탕으로 돌아가고 있는지 생각해보자. 신뢰가 없는 사회에서는 계약서가 아무런 효력도 발휘하지 못하기 때문에 기업을 제대로 운영하기 어렵다. 도로를 달리는 자동차는 다른 자동차가 빨간불에도 멈추지 않을까 봐 불안해하고, 부모는 교사를 믿지 못해 자녀를 학교에 보내지 않을 것이다. 이처럼 사회 구성원 사이에 기본적인 신뢰조차 없으면 마을이나 도시는 그 기능이 마비될 수밖에 없다.

기업, 사회, 세계가 원활하게 돌아가기 위해서는 구성원 사이에 반드시 신뢰가 있어야 한다. 국가 간의 협력이나 우호적인 관계에 걸림돌이 되는 것도 신뢰 부족인 경우가 많다. 비도덕적인 정치인들이 문제를 낳는 것이다. 이들은 한바탕 논의를 하고 나서 상대방의 눈을 똑바로 쳐다보며 해결책을 약속하고는 그것을 이행하지 않는다.

냉전 시대에 로널드 레이건 대통령이 구소련을 상대하면서 마련한 최선의 정책은 그들을 '신뢰하되 정보를 확인하는' 것이었다. 미국은 구소련이 정상회담이나 협상 테이블에서 하는 말을 신뢰하기 어려워 그들의 무기 보유 현황을 확인했다.

어떤 조직, 사회, 인간관계든 신뢰가 없으면 제대로 기능하지 못한다. 가정이든 교회든 학교든 마찬가지다. 교사가 매일 학교에 나와 편애하는 학생에게 더 좋은 점수를 주지 않고 공정하게 채점할 것이라고 믿지 못하면 학생과 교사 간의 신뢰는 무너져버린다. 또한 우리가 경찰관부터 대통령에 이르기까지 지휘권을 쥐고 있거나 막중한 책임을 맡은 사람을 믿지 못할 경우 우리 사회를 지탱해주는 구심점은 사라지고 만다.

사회 구성원들 사이에 신뢰가 있어도 다른 사람의 말을 곧이곧대로 받아들이지 못할 수도 있다. 이는 허위 광고, 지켜지지 않은 약속, 의지할 수 없는 사람들에게 덴 경험이 있기 때문이다. 그래서 우리가 마련한 것이 여러 가지 안전장치다. 이는 약속을 지키겠다는 것을 특정한 말이나 행동으로 관습화한 것이다. 대표적인 것이 상대방과 악수를 하거나 계약서에 서명하는 관습이다.

물론 가장 좋은 것은 우리가 '예'라고 말할 때 실제로 '예'를 의미하고 또 '아니요'라고 말할 때는 말 그대로 '아니요'를 뜻한다는 것을 신뢰받는 경우다. 진정 신뢰가 있는 사회라면 다른 안전장치 없이 우리의 말만으로도 약속이 충분히 지켜져야 한다.

전 세계적으로 뻗어 나간 기업을 운영하며 수백만 명을 상대하다 보니 나는 자연스럽게 대부분의 사람이 믿음직스럽고 그들을 신뢰해야 한다는 것을 받아들이게 되었다. 심지어 나는 지구 반대쪽에 있는 낯선 사람들까지도 신뢰한다.

우리는 미시건 주 에이다에서 생산한 암웨이의 제품들을 컨테이

너에 가득 실어 트럭이나 기차로 미국 서부까지 운송한다. 그런 다음 컨테이너를 배로 옮겨 암웨이가 진출한 아시아의 여러 나라로 보낸다. 그 제품들은 주문에 따라 아시아 곳곳에서 활약하는 암웨이 사업자들에게 전달된다. 만약 내가 그 모든 제품이 제시간에 정확히 전달되도록 힘써주는 사람들을 믿지 못했다면 밤에 두 다리를 쭉 뻗고 잠들지는 못했을 것이다.

신뢰란 약속한 대로 일을 수행한다는 뜻이다. 나는 사업에서의 성공은 신뢰라는 간단한 개념에 달려 있다는 사실을 일찌감치 깨달았다. 제이와 내가 처음으로 만든 암웨이 상품은 'L.O.C.(Liquid Organic Cleaner, 유기농 액체 클리너)'라는 이름의 세척제로 이것은 디트로이트에 있는 신생 제조업체가 우리를 위해 만들어준 것이었다.

우리가 최초로 거래한 이 회사의 사장은 겪어보니 전혀 믿을 만한 사람이 아니었다. 무엇보다 그는 제품을 일관성 있게 만들어주지 못했다. 처음에는 빨간 뚜껑의 제품을 생산하더니 그다음에는 노란색, 이어 파란색 뚜껑의 제품을 보내주었다. 문제는 뚜껑의 색뿐이 아니었다. 세척액도 어떤 날은 투명했고 또 어떤 날은 누런빛을 띠고 있었다.

이전에 거래하던 사람들에게 빚이 있던 그 사장은 우리에게 받은 돈으로 빚을 갚았다. 그리고 나니 제품을 생산하는 데 필요한 원자재를 구입할 돈이 없어서 쩔쩔맸다. 우리는 가끔 그 사장이 다른 공급업자에게 구매한 병에 담긴 제품을 받기도 했다. 병에 붙은 라벨 아래에는 다른 제품을 위한 라벨이 붙어 있었다. 한번은 우리 라벨이 떨어진 제품들을 받았는데 알고 보니 그 병은 원래 변기 세척액을 담으려고 했던 병이었다!

그 사장에게 실망한 우리는 결국 제품을 똑같이 만들어줄 수 있다고 말하는 다른 공급업자를 찾아냈다. 그런데 그 사장은 우리가 자신의 세척액 제조법을 훔쳤다며 우리를 상대로 25만 달러어치의 손해 배상 소송을 걸었다. 제이와 나는 그 사장이 우리 사업에 그렇게나 큰 가치를 매겨준 것에 껄껄 웃고 말았다.

그 일을 계기로 우리는 몇 가지 중요한 교훈을 얻었다.

우선 우리에게는 제품의 품질을 일관성 있게 유지하고 안정적인 운송을 보장해줄 믿음직스러운 사람이 필요했다. 또한 우리는 제품이 저절로 전달되는 것은 아니며 우리가 사람들과 좋은 관계를 맺고 그들에게 신뢰를 얻어야 사업에서 성공할 수 있음을 알았다.

오늘날 수백 종류의 제품을 생산하는 암웨이는 품질을 철저히 관리해 소비자가 모든 제품에 만족할 수 있도록 최선을 다한다. 사람들은 자신이 신뢰하는 사람에게 제품 정보를 얻고 또 그 제품을 구매하고자 한다. 이에 따라 암웨이에서는 모든 제품을 친구가 친구에게, 가족이 자기 가족에게 전달하는 구조로 유통이 이뤄진다.

신뢰는 '사람은 자신이 대접받고 싶은 대로 다른 사람을 대접한다'는 황금률에 바탕을 두고 있다. 이러한 사실은 우리가 안심하도록 해주는 한편 스스로 다른 사람에게 믿음직스러운 사람이 되고자 노력하게 만든다.

나는 우리가 초기의 보상플랜을 초지일관 지켜왔다는 사실이 무척 자랑스럽다. 해가 지나고 또 지나 60년이 흘렀는데도 암웨이 사업자들은 여전히 우리가 예전에 만든 보상플랜에 따라 소득을 올린다. 자신이 직접 제품을 전달했을 때 올리는 수익과 후원한 사람이 전달한 제품 수익의 일부를 수입으로 얻는 것이다. 누군가가 다른 사람을 암웨이의 사업자로 '후원'하면 그 사람은 후원자 파트너로 계속 남는다. 당연히 이것은 신뢰를 토대로 이뤄진다. 후원자가 자신이 후원한 사람을 책임지기 때문이다. 그래서 사업자가 세상을 떠나더라도 그의 자손은 암웨이 사업을 통해 수익을 얻을 수 있다.

누군가가 우리에게 '당신을 믿습니다'라고 말해주는 것은 커다란 영광이다. 물론 우리는 일상생활에서 이런 말을 들을 기회가 아주 많다. 다음의 말을 생각해보자.

"제가 감시하지 않더라도 이 일을 알아서 완수해낼 것이라고 믿습니다."

"이 막중한 책임을 잘 감당해낼 것이라고 믿습니다."

"저를 만나기로 한 시간에 실제로 나와 줄 것이라고 믿습니다."

"빌린 돈을 잘 갚을 것이라고 믿습니다."

"자동차를 쓰고 나서 안전하게 돌려줄 것이라고 믿습니다."

누군가를 믿는다고 말할 때 그 말이 최대한 영향력을 발휘하기 위해서는 우리가 믿음직스러운 사람이라는 평판을 얻어야 한다. 신뢰는 약속을 지키지 못하거나 말을 번복하면 쉽게 무너지고 만다. 그런데 신뢰는 한 번 잃고 나면 되찾기가 무척 어렵다. 특히 아이들에게 신뢰를 잃었을 때는 더욱더 그렇다. 그러므로 아이들에게 무언가를 해주기로 약속했다면 그 약속을 반드시 지키는 것이 좋다. 아이들의 신뢰를 얻기 위해서는 그렇게 하는 수밖에 없다. 만일 약속을 지키지 못할 상황이 발생할 경우에는 아이들에게 솔직하게 얘기해서 오해가 생기는 일이 없도록 해야 한다. 설사 진실을 말하는 것이 괴롭더라도 자녀에게는 진실만 들려주어야 한다.

어렸을 때 나는 부모님에게 무언가를 사달라고 부탁했다가 이런 말을 자주 들었다.

"지금 우리가 그것을 살 형편이 아니라는 걸 알고 있잖니."

이것은 쉬우면서도 진실한 대답이었다. 사람들이 우리가 하는 말을 믿어야 하므로 솔직한 대답은 대단히 중요하다. 긍정하든 부정하든 대답은 항상 솔직해야 한다.

대답하기 전에 우리가 할 수 있는 일과 할 수 없는 일, 앞으로 할 일과 하지 않을 일을 미리 생각해보는 것도 좋은 자세다. 사람들에게 솔직하게 이야기하면 언제나 그들의 신뢰를 얻을 수 있을 것이다. 언제나 믿음직스러운 모습을 보여 다른 사람의 신뢰를 얻는 것이 옳다.

더러는 겪어보고 나서 그 사람에 대해 믿음을 잃어버리는 경우도 있다. 비즈니스 파트너가 속임수를 쓰거나 주문에 관해 세부 정보를 알려주지 않기도 하고 단골손님이라는 이유로 대접에 소홀한 사람도 있기 때문이다. 이런 사람들은 우리의 신뢰를 저버린다.

오래전부터 요트를 즐겨 탄 나는 요트 위에서 믿음을 잃는 상황과 사회에서 믿음을 잃는 상황의 위험성을 종종 비교한다. 요트 타기는 팀 스포츠로 여기기에는 위험이 따른다. 특히 큰 요트는 움직이는 부품이 많아 바람이 몰아치거나 폭풍이 찾아오면 문제가 생길 여지가 많고 자칫 잘못하면 사람이 다칠 우려도 있다.

최근 나는 우리와 함께 요트 경주를 한 어느 젊은이와 이야기를 나누었다. 그가 요트팀에서 맡은 역할은 바우맨(bowman: 요트의 가장 앞좌석에 앉는 조수 ‒역주)이었다. 바우맨은 꼬인 줄을 풀거나 움직이지 않는 돛을 바로잡기 위해 늘 돛대 위로 올라갈 준비를 갖추고 있어야 한다. 즉, 줄이 끊어져 몸이 갑자기 돛대 꼭대기로 날아가거나 갑판으로 떨어질지도 모르는 위험을 감수해야 한다.

그는 자신이 얼마 전에 요트 위에서 겪은 사고에 대해 들려주었다. 그날은 폭풍이 몰아쳐 요트가 많이 흔들렸고 번개도 번쩍이고 있었다. 문제가 생겨 돛대의 윗부분까지 올라간 그는 줄에 매달린 채 정신없이 흔들리기 시작했다. 이것은 무언가에 걸려 꼼짝도 하지 않는 돛을 바로잡으려다가 벌어진 일이었다. 설상가상으로 안전띠를 맨 몸이 반대로 휙 뒤집히는 바람에 그는 중심을 잃고 돛대에 머리를 부딪쳤다.

의식을 잃은 그는 요트가 흔들릴 때마다 몸도 같이 흔들리면서 계속 돛대에 부딪쳤다. 팀원들이 그를 끌어내렸을 때쯤에는 이미 돛대에 수없이 부딪친 후였고 여전히 의식이 없는 상태였다. 요트는 속도가 고작 7~8노트에 불과하기 때문에 항구까지 가는 데 몇 시간이 걸렸다. 팀원들은 그를 병원에 데려갔고 다행히 그는 건강을 되찾았다.

내가 이 이야기를 통해 하고 싶은 말은 요트 타기처럼 우리가 인생에서 위험이 따르거나 혼자 해내지 못하는 일을 할 때는 다른 사람이 도와줄 것이라고 믿어야 한다는 것이다.

요트 위에서는 팀원들을 믿어야 한다. 언제든 줄이 끊어지거나 무언가가 날아갈 수 있기 때문이다. 요트 타기에서는 특히 팀워크가 중요하므로 조타수와 지시를 내리는 선장, 아래에 있는 항해사, 계속해서 돛을 잡아당기고 조정하며 꼬인 줄을 푸는 여러 바우맨 간의 신뢰가 필수적이다. 한마디로 요트 타기는 반드시 팀원들의 호흡이 척척 맞아야 하는 팀 스포츠다.

요트를 탈 때는 인생과 마찬가지로 갑자기 파도가 거세져 위험해지기도 한다. 따라서 각각의 팀원들이 자신이 맡은 역할을 훌륭히 해낼 것이라고 믿어야 한다. 실제로 한 사람의 작은 실수로 누군가가 손가락을 잃는 일부터 바다에 빠지는 것까지 다양한 사고가 일어날 수 있다.

인생 또한 팀워크가 대단히 중요하다. 선장, 항해사, 나머지 선원들이 모두 자신의 역할을 제대로 수행할 거라고 믿어야 하는 요트 타기처럼 말이다.

살다 보면 때로 위험한 일이 발생하기도 한다. 그럴 때 우리는 우리보다 더 많은 것을 알고 있는 사람을 믿어야 한다. 나아가 우리는 사람들이 자기 일을 제대로 해내고 다른 사람에게 해가 되는 행동을 하지 않을 것이라고 믿어야 한다.

올랜도 매직 팀 내에서 신뢰란 이기적인 마음을 버리는 일이다. 어느 선수든 좋은 기록을 세우거나 득점을 올리고 싶어 한다. 그런데 그 목표를 이루려면 볼을 다른 선수들과 돌아가며 써야 한다. 가령 슛을 쏘기 어려운 위치에 있는 선수는 슛을 쏘고 싶더라도 볼을 다른 선수에게 패스해야 한다. 패스하는 것 외에도 선수들은 이기심을 버리고 코트의 양끝에서 자신이 맡은 일을 성실하게 수행해야 한다.

농구는 체력적으로 상당히 부담이 가는 스포츠다. 특히 농구에서 수비는 체력적으로 많이 힘든 역할이다. 또한 선수들은 끊임없이 코트의 이곳저곳을 누비는 한편 자유자재로 공수 전환을 해야 한다. 농구선수는 수비수에서 공격수로 순식간에 전환할 수 있어야 하는데, 공수를 끊임없이 전환하는 데는 상당히 많은 체력과 정신력이 필요하다. 바로 이것이 개개인을 모아 팀을 구성하는 이유다. 그래도 시간이 흐르면서 다리가 서서히 풀리면 선수들은 슛을 놓치기 시작한다. 슛을 쏘는 리듬을 잃는 것이다.

신뢰한다는 것은 곧 이기심을 버린다는 의미다. 믿음직한 사람은 자신에게 잠재적인 기회가 오더라도 모두를 위한 최상의 선택을 한다. 우리는 팀에서 필요로 하는 것이라면 어떤 일이든 할 수 있다는 마음자세를 갖춰야 한다.

'당신을 믿습니다'라는 말은 서로 의지하는 사람들 사이의 관계를 다지는 데 도움을 준다. 우리는 가정, 결혼생활, 직장, 지역사회에서 개인적·암묵적인 계약으로써 신뢰를 필요로 한다. 그리고 특별한 관계를 맺은 사람들을 신뢰한다는 의미로 그들에게 '당신을 믿습니다'라는 말을 해주어야 한다. 누군가에게 '당신을 믿습니다'라고 말하는 것은 특별한 메시지로 다가간다.

우리 사회는 요트팀이나 농구팀처럼 신뢰를 바탕으로 돌아간다. 같은 팀에 속한 팀원과 마찬가지로 우리는 모두 서로에게 의지하며 살아가는 것이다. 나는 내 아이들, 손자손녀, 증손자손녀, 친구, 사업 파트너 등 주위 사람들에게 '당신을 믿습니다'라고 말할 수 있는 기회를 늘 손꼽아 기다린다.

긍정적인 사람이 되기 위한
강력한 10가지 말

"당신을 존중합니다"

"I RESPECT YOU"
당신을 존중합니다

내 아버지 사이먼(Simon)은 늘 평판이 좋았다. 모두가 아버지를 사이(Si)라고 부르며 좋아했는데 이는 아버지가 사람들을 좋아하고 존중했기 때문이라고 생각한다. 아버지가 내게 가르쳐준 값진 교훈 중 하나는 '모든 사람은 가치 있는 존재이며 그 나름대로 재능을 타고났다'는 것이다.

우리가 어떤 사람이든 어떤 일을 하든 우리는 모두 누군가에게 소중한 존재다. 그런 만큼 다른 사람을 존중하는 법을 배워야 한다. 다른 사람에게 존중받기 위해서는 우리가 먼저 그들을 존중해야 한다.

이 책에서 소개하는 여러 가지 말은 따지고 보면 우리가 알고 지내고 또 새롭게 만나는 모든 사람에게 존중하는 마음을 표현하는 말이다. 모두에게서 긍정적인 면을 찾고 우리가 존경할 만한 특성을 찾기 시작하면 다른 사람을 존중하는 표현이 습관화된다. 열 가지 말은 입 밖으로 표현했을 때 모두 힘을 발휘하지만 존중심은 좀 더 복잡한 문제를 내포하고 있다.

'당신을 존중합니다'라는 말에는 강력한 힘이 있으나 존중심은 노력을 기울여 정당하게 얻어야 하며 그것을 표현할 줄도 알아야 한다. 존중심은 서로 주고받는 것이기 때문이다. 존중받고 싶으면 우리 역시 다른 사람을 존중해야 한다. 사람은 누군가가 자신을 가치 있고 소중하게 여길 때와 그렇지 않을 때의 차이를 분명하게 느낀다. 무례한 태도를 숨기기는 쉽지 않으며 사람들은 거의 본능적으로 그런 태도를 꿰뚫어본다.

내 친구 중에 지폐를 항상 액면가 순으로 정리하고 지갑에 조심스럽게 넣는 친구가 있다. 어느 날 나는 더는 궁금증을 참지 못하고 왜 돈을 그렇게 정성껏 정리하는지 물었다. 친구가 말했다.

"돈을 존중하기 때문에 존중하는 마음을 담아 정리하는 거야."

인간관계에서도 이처럼 서로 존중하고 존중받는 일이 쉬우면 얼마나 좋을까! 돈은 사람들이 자동적으로 존중하지만 사람을 존중하기 위해서는 부단한 노력이 필요하다.

세상에는 두 가지 유형의 사람이 있다고 한다. 하나는 '저, 여기 있어요!'라고 자신을 알리는 사람이고 다른 하나는 '아, 거기 계셨군요'라고 다른 사람을 알아봐주는 사람이다. 우리는 모두 두 번째 유형의 사람이 되어야 한다.

남에게 존중받고 남을 존중하려면 먼저 다른 사람들의 이야기에 귀를 기울여야 한다. 누구에게나 그동안 인생을 살아오면서 성취한 무언가가 있게 마련이다. 따라서 누군가에게 몇 가지 질문을 던져 그에 대해 조금이라도 알고 나면 '당신을 존중합니다'라고 말할 만한 요소를 찾아낼 수 있을 것이다.

나는 가끔 오찬 모임이나 다른 행사에 갈 예정인 사람에게 이런 질문을 받는다.

"도대체 무엇에 관해 이야기해야 할까요?"

그러면 나는 질문을 던지라고 권한다. 부지런히 질문을 하면 대화하기가 한결 쉬워진다. 많은 사람이 내가 친목 모임에서 다른 사람과 능숙하게 교류할 줄 안다며 나를 칭찬해준다. 사실 나는 그런 자리에서 다른 사람과 교류할 때 거의 말을 하지 않는다.

한번은 가족 모임에서 내 조카딸과 대화를 나누게 되었다. 나는 그녀에게 간단한 질문을 몇 가지 던졌다.

"아이들은 어떻게 지내니? 한 아이가 이제 막 고등학교를 졸업하지 않았니?"

조카딸은 아들이 600명의 학생 중에서 3등으로 고등학교를 졸업했고 명문대 네 곳으로부터 장학금을 주겠다는 제안을 받았다고 대답했다. 그것은 내가 충분히 존중해줄 만한 성과였다. 그래서 나중에 그녀의 아들이 내게 다가왔을 때 이렇게 말해주었다.

"축하한다, 얘야! 정말 대단하구나."

내 아들 딕이 주지사 선거에 출마했을 때 아들은 유권자들과 1분

동안 대화하는 법을 배워야 한다는 조언을 들었다. 사실 입후보자들은 유세 기간 동안 최대한 많은 사람과 악수를 하기 위해 애쓴다. 이는 한 사람과 1분 이상 대화하지 않고 다음 사람으로 넘어간다는 뜻이다.

딕은 이런 대화 방식을 낯설어했다. 사람들에게 질문하고 대답을 듣고 눈을 쳐다보며 대화하는 것에 익숙했기 때문이다. 그는 누구와 대화하든 상대방을 존중하라고 배웠다. 딕의 그런 성향이 선거 유세에는 별로 도움이 되지 않았을지 몰라도 나는 딕이 상대방의 이야기를 경청하고 사람을 존중할 줄 아는 사람이라는 평판을 얻었다고 생각한다.

다른 사람에게 관심을 보이고 그들의 이야기를 귀담아들으면 남을 존중하는 마음이 성격의 일부로 자리 잡는다. 그러면 그는 머지않아 지역사회에서 다른 사람을 존중하는 사람이라는 평판을 얻는다.

다른 사람을 존중할 만한 이유를 찾는 것은 생각보다 어렵지 않다. 사람은 누구나 자기 이야기를 하는 것을 좋아하기 때문이다. 사람들에게 그들의 경험담이나 성취한 것을 물어보면 대화가 중단될 일은 없다. 어떤 사람은 자기 생각이나 자신이 하는 일에 대해 끊임없이 이야기한다.

어떤 남자가 자기 자신에 대해 지루할 정도로 끝없이 떠들어댔다. 이윽고 이야기를 마친 그는 사람들에게 이렇게 말했다.

"하지만 제 이야기는 이쯤 해두죠. 이제부터 여러분이 저에 대해 어떻게 생각하는지 말씀해주세요!"

우리가 만나는 사람들은 대체로 이 남자보다는 말수가 적지만, 사람들이 자기 이야기를 하도록 격려하는 것에는 강력한 힘이 있다. 누군가가 여러분이 하는 일이 무엇인지 혹은 여러분의 의견이 무엇인지 묻는 것만으로도 큰 칭찬을 받는 것이나 다름없다.

사람들은 보통 자신의 경험을 공유하거나 의견을 제시하기 위해 대화에 끼어드는데 이는 인간의 본성이다. 사람은 누구나 존중받고 사랑받고 인정받길 원한다. 그러므로 다른 사람에게서 우리가 존경할 만한 점이나 그들이 성취한 일을 찾아봐야 한다. 일단 그것을 찾으면 "그것 참 멋지군요! 그런 일을 해냈다니 존경스럽습니다"라고 말할 수 있을 것이다.

수많은 사람이 존중받고 싶어 하는 세상에서 여러분이 상대방을 존중하는 마음을 표현하는 것은 대단히 중요한 일이다.

우리가 삶에서 만나는 모든 사람에게 관심을 보이는 것은 존중하는 마음을 가장 숭고하게 보여주는 한 가지 방법이다. 영화배우이자 칼럼니스트였던 윌 로저스(Will Rogers)는 언젠가 이런 말을 했다.

"저는 한 번도 싫은 사람을 만나본 적이 없습니다."

그의 말은 주위에 함께 일하기 어려운 동료가 있거나 이웃과 충돌을 일으키는 중이거나 호감이 가지 않는 사람 때문에 고심 중인 사람에게는 믿기 어려운 말일지도 모른다. 짐작컨대 윌 로저스는 만나는 모든 사람에게 충분한 관심을 보여 그들에게서 좋아할 만한 점을 찾아냈을 것이다.

나는 지금까지 살아오면서 존경할 만한 점이 거의 없거나 아예 없는 사람을 한두 명 만나봤다. 어쩌면 내가 그렇게 느낀 것은 그들과 충분히 이야기를 나눌 기회가 없었기 때문인지도 모른다.

자신 있게 말하지만 나는 늘 사람들에게 매력을 느끼고 그들을 진심으로 아낀다. 나는 이미 알고 지내는 사람들에 대해 더 많은 것을 알아내기 위해 게임을 만들기도 했다. 그 게임의 이름은 '상자 안에 들어가!'이다.

이 게임을 하는 방식은 아주 간단하다. 우선 가족이나 친구들과 함께하는 자리에서 한 명을 선택해 '상자 안에' 들어가게 한다. 가상의 상자 안에 들어간 사람은 자기가 살아온 이야기를 들려준 뒤 사람들에게 질문을 받는다. 나는 이 게임을 특히 배 위에서 할 때 효과가 뛰어나다는 것을 깨달았다. 바다에서 하루를 보낸 덕분에 사람들의 마음이 느긋해진 데다 상대방의 개인적인 이야기가 듣기 싫어도 도망갈 곳이 없기 때문이다!

일일이 따져보지 않아서 그렇지 우리는 서로에 대해 실제로 알고 있는 것이 굉장히 적다. 의외로 가장 친한 친구에 대해서도 잘 모르는 경우가 많다. 이것은 상대방의 이야기를 귀담아듣지 않기 때문이다. 상대방이 살아온 이야기를 경청하는 것만으로도 상대에 대해 대단히 많은 것을 알 수 있다.

나 역시 내가 만나는 모든 사람의 인생을 잘 아는 것은 아니다. 솔직히 말하면 그러고 싶은 생각도 없다. 그래도 나는 내가 다양한 사람들을 만나 그들의 인생에 대해 무언가를 알아내는 것을 즐기는 듯하다는 말을 종종 듣는다. 실제로 나는 레스토랑에서 서빙해주는 사람, 내 배 옆에 배를 대는 사람, 대기실에서 내 옆에 앉은 사람에 대해 조금이라도 알게 되면 삶이 더 풍요로워지는 것 같은 기분이 든다.

우리는 사람들에게 관심을 보이고 그들의 이야기를 귀담아들어야 한다. 물론 사람들의 얼굴과 이름을 기억하는 것처럼 간단한 행동만으로도 존중하는 마음을 보여주고 또 존중받을 수 있다. 누군가가 우리의 이름을 기억해줄 때, 특히 중요한 사람이 그럴 때 우리는 존중받는 듯한 느낌이 든다. 나는 개인적으로 조지 H. W. 부시 대통령을 존경한다. 그가 있는 방에 들어가면 그는 "안녕하세요, 리치 씨"라며 나를 따뜻하게 맞아주곤 했다. 그는 굳이 '당신을 존중합니다'라고 말할 필요가 없었다. 워싱턴 D.C.처럼 넓고 정신없는 곳에서 수천 명을 만나면서도 내 이름을 기억해주었기 때문이다.

상대방의 이름을 불러주는 것은 그들에게 우리의 존중심을 보여주는 것이나 마찬가지다. 그런데 안타깝게도 다른 사람의 이름에 전혀 신경 쓰지 않는 사람이 아주 많다. 나는 상대방의 이름을 불러주는 것이야말로 원만한 인간관계를 형성하는 데 필수적인 일이라고 생각한다.

어떤 행사에 참석했을 때 나는 다른 참석자들의 이름을 모르면 좀 어색한 느낌이 든다. 그래서 큰 행사에 참석하기에 앞서 만난 지 오래된 사람들의 이름을 상기할 겸 참석자 명단을 살펴보기도 한다. 사람들의 이름과 얼굴을 기억하는 습관을 들이는 것 자체가 그들에게 존중하는 마음을 표현하는 행동이다.

내가 암웨이 공장을 돌아다니면 사람들은 나를 보고 "안녕하세요, 리치 씨"라고 외쳤다. 내가 그들의 이름을 외우고 기억한 덕분에 그처럼 친근한 분위기가 연출된 것이 아닌가 싶다.

내가 나와 관련된 사람들을 존중하면 그 보답으로 무엇을 얻게 될까? 바로 존중심이다. 우리가 상대방을 존중하는 것은 자기 자신을 잠깐 잊고 상대에 대해 생각하는 간단한 행동에서 비롯된다. 나는 이런 방식으로 암웨이의 회의시간에 직원들을 존중하는 방법을 수년 동안 연습했다.

제이와 나는 늘 암웨이 직원들의 의견과 능력을 존중했다. 일에 앞서 인간을 인간적으로 존중하는 것이 마땅하다고 여겼기 때문이다. 우리는 직원들이 우리와 함께하는 자리에서도 자신의 관점과 의견을 소신 있게 제시할 수 있어야 한다고 생각했다.

그 과정을 통해 직원들은 내가 어떤 사람인지 알아챘고 나는 질문하고 대답을 경청하면서 그들에 대해 알게 되었다. 직원들은 내가 그리 나쁜 사람은 아니며 그들을 공정하게 대하려 한다는 사실을 깨달았다.

존중심은 그렇게 쌓여간다. 예를 들어 회사에 건의함을 설치하는 것도 직원들을 존중하는 마음을 표현하는 좋은 방법이다. 거만한 태도로 사람들을 무시하는 것은 커다란 실수다. 정말로 중요한 사람이 되고 싶다면 다른 사람에게 신경 쓰고 모두를 존중하는 마음을 보여주어야 한다. 그것이 진정으로 중요한 사람이 되는 방법이다.

우리는 상대방의 사회적·경제적 지위와 무관하게 진심으로 존중하는 마음을 표현해야 한다. 직업이나 신분에 관계없이 모든 사람에게 진심을 담아 존중심을 표해보자.

암웨이가 아직 신생기업이던 시절 우리는 정원 관리와 제설 작업을 모두 담당하는 직원을 두었다. 언젠가 나는 그에게 이렇게 제안했다.

"해리 씨는 언제나 일을 훌륭하게 해내는군요. 회사의 다른 부서에 지원해 승진하는 것이 어때요?"

내 예상을 깨고 그는 의외의 대답을 했다.

"아닙니다. 저는 이 일이 좋아요. 그냥 바깥에서 좋아하는 일을 하고 싶습니다. 제 걱정은 하지 마세요. 저를 승진시키려고 하지도 마세요."

그는 아마 자신의 일에서 가치를 발견하고 또 자신이 존중받는다고 느꼈기에 그렇게 말할 수 있었을 것이다. 나는 그가 일을 훌륭하게 해낸다고 자주 칭찬했다. 내가 그의 일을 높이 평가하고 그를 존중하고 있음을 그가 알아채길 바랐기 때문이다.

언젠가 제이와 나는 어느 트럭 운전기사를 승진시켰다. 그의 운전 솜씨가 워낙 뛰어나 그에게 모든 트럭을 관리하는 일을 맡긴 것이다. 그런데 일 년이 지난 뒤 그가 진지하게 부탁을 했다.

"저 좀 이 일에서 빼주세요. 이 일은 제게 맞지 않습니다. 다시 운전대를 잡고 싶어요."

그는 자신이 좋아하는 것과 좋아하지 않는 것을 이해하고 그것을 남에게 얘기할 수 있을 만큼 자존감이 있었다. 그저 트럭 운전을 즐겼을 뿐 다른 사람을 감독하는 일은 좋아하지 않았던 그는 회사의 성공을 위해 중요한 일을 하는 자신이 존중받는다고 느꼈다. 직함이나 직위와 관계없이 서로를 존중하는 사내 분위기가 이런 현상을 낳은 것이다.

우리는 모두 세상에 유일무이한 존재이고 그런 점에서 우리가 대접받고 싶은 대로 다른 사람을 대접해 그들의 존엄성을 존중해야 한다. 조물주는 우리 모두에게 각각의 임무를 부여했고 누구나 세상에서 맡은 역할이 있다. 그러므로 우리의 재능과 직업을 다른 사람과 비교하지 말고 모두의 재능 및 직업을 존중할 줄 알아야 한다.

'내가 당신보다 낫지'라거나 '내가 너보다 강해'라는 생각으로 상대방과 설전을 벌이는 것은 무례한 일이다. 사람들을 자기만의 잣대로 분류하거나 그들의 특성을 임의로 단정 짓는 것은 사람들의 존엄성과 성격을 무시하는 것이나 마찬가지다.

그럼에도 불구하고 우리는 편견에 따라 사람들을 비하하고 무시한다. 그러나 사람들의 인생을 서로 비교하면서 사는 것은 부질없는 짓이다. 항상 우리보다 앞에 있는 사람도 있고 뒤에 있는 사람도 있는 법이다. 갈수록 치열해지는 경쟁적인 마인드에서 생긴 남과 비교하는 습관은 무례하고 좋지 않은 것이다.

상대방이 자신과 정치, 종교, 배경이 다르더라도 우리는 진심으로 상대를 존중할 줄 알아야 한다. 출신 배경이나 시각이 다른 사람끼리도 서로를 존중해야 한다는 얘기다. 오늘날 미국은 양 정당이 팽팽하게 견제하고 있지만 서로의 관점을 훨씬 더 존중하던 시절도 있었다. 공익을 위해 공화당원과 민주당원이 서로 힘을 합쳤던 것이다. 가령 국내 문제에는 의견이 엇갈리더라도 외교 문제에는 모두 동의하는 유연성을 보였다.

그랜드래피즈 출신의 아서 밴던버그(Arthur Vandenberg)는 1928년부터 1951년까지 미시건 주 상원의원으로 활동했다. 그는 양당이 상호 존중을 바탕으로 협력하도록 돕는 데 탁월한 능력을 발휘한 덕분에 이름이 널리 알려졌다. 1977년부터 1987년까지 하원의장을 지낸 팁 오닐(Tip O'Neill) 역시 그런 일에 능했다. 그는 정치인들이 특정 사안에 동의하지 않아도 서로를 존중할 수 있도록 도왔다.

존중할 줄 아는 사람은 상대방의 의견에 반대할 때 결코 인신공격을 하지 않는다. 사람들의 이야기를 경청하고 그들과 그들의 관점에 진심으로 관심을 보이는 기술을 익히면 언제든 '당신을 존중합니다'라는 강력한 말을 사용할 수 있다. 누군가에게 '당신을 존중합니다'라고 말하는 것은 큰 칭찬을 해주는 것이나 다름없다. 누구라도 그 말을 듣고 나면 마음이 따뜻해지니 말이다.

누군가의 결정이 우리의 이익에 반하더라도 우리는 다른 사람의 개인적인 결정과 감정을 존중해야 한다. 농구팀 플로리다 게이터스(Florida Gators)의 수석코치 빌리 도너번(Billy Donovan)은 2007년 미국

대학체육협회(NCAA) 농구 챔피언십 대회에서 우승한 직후 올랜도 매직의 코치로 일하기로 계약했다. 그 소식은 기자회견을 통해 널리 알려졌고 ESPN을 비롯한 여러 스포츠 채널이 이를 보도했다. 그런데 도너번이 갑자기 마음을 바꾸는 사태가 벌어졌다. NBA에 진출하는 대신 게인즈빌(Gainseville)에 남아 대학 농구를 계속 지도하고 싶다는 것이었다.

도너번은 내게 전화를 걸어 자신의 입장을 설명했다. 그의 이야기를 듣고 나서 나는 그의 결정에 동의하지는 않지만 결정을 존중한다고 말했다. 그런 다음 계약을 해지해주었다. 몇 주 후 그는 다시 전화를 걸어 관리부에서 상황을 깔끔하게 처리해준 것에 대해 고마움을 표했다. 이것이 바로 우리가 사람들에게 어떤 방법으로든 항상 존중하는 마음을 보여야 하는 이유다.

신뢰와 마찬가지로 존중심은 가정이나 결혼생활부터 비즈니스, 스포츠에 이르기까지 성공적인 모든 조직의 중심에 있다. 나는 올랜도 매직의 선수들과 대화할 때마다 그들이 서로를 존중하도록 격려한다. 팀 스포츠는 종목 자체는 물론 동료 선수도 존중하는 마음으로 임해야 하기 때문이다. 뛰어난 코치는 선수들을 격려하며 또 그들에게 존중받는 방법을 안다.

농구에서는 모든 선수가 득점을 올려 자기 이름을 널리 알리고 싶어 한다. 물론 이기심을 버리고 볼을 적절한 시점에 적절한 선수에게 패스해 그 선수가 득점에 성공해도 어시스트한 볼로 인정받는다. 각

선수의 재능과 공로를 인정 및 존중하는 것이다.

팀원 간의 존중심과 신뢰 없이 팀워크를 기대하기란 불가능하다. 이것은 스포츠든 비즈니스든 마찬가지다. 나와 제이의 파트너십이 무너지지 않은 유일한 이유는 우리가 서로를 존중했기 때문이다. 우리는 각각 출장을 떠나 있어도 회사에서 무슨 일이 벌어지고 있을지 걱정하지 않았다. 또한 둘 중에서 누가 회사에 남아 있더라도 그가 두 사람 모두를 위해 결정을 내릴 수 있었다. 이것이 바로 존중심이다.

존중하는 마음은 가정에서부터 시작되어야 한다. 즉, 우리는 먼저 부모형제를 존중하는 법을 배워야 한다. 가정의 목표는 직계가족과 친척을 보호하고 모든 가족 구성원이 행복을 누리도록 하는 데 있다. 사촌이나 조카에게 좋은 일이 생겼다는 소식을 들으면 우리는 보통 그들에게 축하인사를 건넨다. 좋은 일이 생겼을 때는 함께 기뻐하고, 슬픈 일이 생겼을 때는 함께 걱정해주는 것이 가족이다. 모두가 그런 일을 잘해낼 때라야 진정한 가족이라고 할 수 있다.

우리는 가족과 함께 사업을 계속 일궈 나가기로 결정했다. 이것 역시 존중심이 필요한 결정이었다. 내 아들 더그는 사장으로서 제이의 아들과 함께 암웨이를 운영하고 있는데, 우리 가족은 그를 존중하고 그가 올바른 결정을 내릴 것이라고 믿는다.

이제 나와 제이의 손자손녀들이 가업을 이해할 때가 되었다. 그들은 우리 가족에게 수백만 명의 직원과 사업자를 책임질 의무가 있고 그들을 존중하는 한편 소중히 여겨야 한다는 것을 배워야 한다.

제이와 나는 많은 미국인이 자기 사업을 원한다는 생각을 바탕으로 사업을 시작했다. 그런데 알고 보니 자기 사업을 원하는 사람은 미국뿐 아니라 세계 곳곳에 넘치도록 많았다. 우리의 신념은 그 토대가 사람에 대한 존중심에 있었다. 만일 우리가 사람들이 가치 있고 믿을 만하며 존중받아 마땅하다고 생각하지 않았다면 결코 사업을 시작하지 못했을 것이다.

나는 그토록 많은 직원과 사업자들이 마치 우리 가족의 일원인 것처럼 존중받는다고 느낀다는 사실이 매우 기쁘다. 닉 앤더슨(Nick Anderson)은 우리 가족이 올랜도 매직을 인수했을 때 매직에서 일하고 있었다. 일 년 전쯤 그는 내게 올랜도 매직의 일이 자신이 유일하게 좋아하는 일이고, 어떤 식으로든 매직으로 돌아와 일하고 싶다고 말했다. 그리고는 이런 말을 덧붙였다.

"매직에서 일하는 것이 제 인생의 유일한 낙이었습니다. 매직은 제게 집이나 마찬가지였거든요."

사람을 잘 다루는 닉은 지금 매직의 친선대사로서 다양한 방법으로 매직을 돕고 있다. 나는 그가 돌아오고 싶어 한다는 사실을 알고 무척 기뻤다. 매직의 구성원은 가족 같았기 때문이다. 가족끼리 경영하는 사업인 만큼 우리는 함께 일하는 모든 사람이 존중받고 있음을 알기를 바란다.

어떤 조직이든 구성원들을 존중하는 마음이 없으면 실패할 운명에 처하고 만다. 이것은 비즈니스든 인간관계든 마찬가지다. 구성원들이 서로 존중하는 마음으로 함께 일하다가 이기심이 발동해 옥신 각신해도 그 조직은 하향 곡선을 타게 마련이다.

수년 동안의 경험과 관찰을 통해 나는 사내 가치가 존중심에서 이기심으로 변해버린 조직의 공통적인 패턴을 발견했다. 이러한 조직은 대체로 다음의 네 단계를 거친다. 그것은 창조 단계, 운영 단계, 방어 단계 그리고 비난 단계다.

창조 단계에서는 누군가가 비전이나 꿈을 제시한다. 그러면 그 사람의 꿈을 존중하는 사람들이 새로운 것을 창조하는 기쁨을 만끽하며 사업에 열정적으로 뛰어든다.

운영 단계에서는 사람들이 창조 및 개발하는 데 쏟았던 시간과 에너지를 이미 개발한 것을 조직하고 운영하는 데 할애하기 시작한다.

방어 단계에서는 사람들이 경쟁관계에 있는 기업보다 한 발 앞서기 위해 애쓰고 여태까지 개발한 것을 보존하고자 노력한다.

비난 단계에서는 조직이 흔들리기 시작한다. 즉, 구성원들이 서로 옥신각신하는 것은 물론 동료를 누르고 승진하기 위해 경쟁하며 일에 차질이 생길 경우 서로를 비난한다. 이 단계에서는 새로운 것을 창조하고 개발하면서 느끼던 기쁨이 모두 사라지고 사람들은 성과물을 나누기 위해 애를 쓴다.

어쩌면 여러분은 직장, 학교, 정부에서 이런 패턴을 본 적이 있을지도 모른다. 나는 우리를 존중하고 우리에게 존중받을 줄도 아는 긍정적인 리더가 더 많이 필요하다고 생각한다. 그런 리더가 많아야 여러 조직을 처음의 생산적이고 열정적인 단계로 되돌릴 수 있을 것이다.

안타깝게도 모든 조직이나 사람이 남을 존중하는 것은 아니다. 살다 보면 존중받는다고 느낄 때도 있고 상대방이 무례하게 군다고 느껴질 때도 있다. 이 사실을 일찌감치 깨달은 나는 존중받고 존중심을 표현하는 것뿐 아니라 상대방이 무례를 범했을 때 긍정적인 태도를 잃지 않는 것 역시 배울 필요가 있다고 생각한다.

나는 청중에게 존중받는 기분이 어떤 것인지 처음 느꼈던 때를 아직도 생생하게 기억한다. 내 연설 '미국 홍보하기'는 나 자신과 내 주장이 청중에게 존중받는다고 느끼는 계기가 되었다. 사업 운영은 물론 조국에 대한 내 공식적인 입장을 들은 청중이 그것을 존중한다고 느낀 것이다.

이것은 내가 연사로 참석한 첫 공공 포럼이었다. 사실 나는 그 연설이 고향의 지역신문에 실릴 만한 자격이 있는지 고민하기도 했다. 다행히 그럴 자격이 있다는 판단이 섰는데 그것은 내게 큰 의미가 있었다. 많은 사람이 자신의 언행에 대한 존중의 표시로 신문에 이름이 실리길 바란다.

내가 지역사회 일에 보다 적극적으로 참여하고 암웨이 창립자로서 명성이 높아지자 내 이름이 그랜드래피즈 지역신문에 더 자주 실렸다. 나는 신문사의 편집장과도 알고 지냈는데 어느 날 내가 그에게 말했다.

"1면에 실린 그 암웨이 얘기 말입니다. 사실 그 기사는 1면에 실릴 만한 내용이 아닙니다."

그는 이렇게 대답했다.

"네, 저도 압니다. 이야기 자체는 1면에 실리기에 부족하지만 리치 씨는 그렇지 않습니다. 리치 씨에 관한 이야기는 1면감입니다. 지역 사회 일에 적극 관여하고 있으니까요."

그것은 좋든 나쁘든 존중의 극치를 보여주는 일이었다.

지금은 신기하고 약간은 재미있는 기억으로 남아 있지만 우리는 신문과의 첫 인연이 그리 좋지 않았다. 뉴트리라이트 비타민이 주요 제품이던 초창기에 제이와 나는 신문의 광고란에 사업자를 모집하는 광고를 내려고 했다. 광고 내용은 간단했다.

'파트타임으로 일하면서 매달 1,000달러 벌기. 필요한 시스템 완벽 제공'

이것이 전부였는데 이 광고를 내주겠다는 신문이 없었다. 우리가 광고 내용을 보장할 수 없다는 것이 문제였다. 나는 우리가 수입을 보장하지는 못해도 최소한 일하고 싶어 하는 모든 사람에게 일할 기회를 보장해줄 수는 있다고 말했다.

사업 초창기에 많은 사람이 제이와 내게 그리고 암웨이 사업에 대해 무례한 태도를 보였다. 사람들은 우리를 조롱했고 우리 사업이 잘되지 않을 거라며 악담을 했다. 우리는 그런 사람들을 그냥 무시하는 법을 배웠다. 자신이 하는 일을 믿는다면 무례한 사람들을 무시하고 계속 앞으로 나아가야 한다. 제이가 즐겨 하던 말처럼 '개가 짖든 말든 캐러밴(caravan: 캠핑카의 일종 -역주)은 굴러간다.'

나는 무례한 태도를 넘어서는 강력한 방법 중 하나가 존중심을 표현하는 것이라는 사실을 깨달았다.

수년 전 내가 아메리카컵 챌린저 경기 예선을 치르기 위해 호주에 도착했을 때 호주 팀은 미국 팀을 적대적으로 대했다. 뉴욕 요트클럽이 오랫동안 우승컵을 지켜내기 위해 분투하자 미국 선수들은 우승하기 위해서라면 물불을 가리지 않는 사람들이라고 생각했던 모양이다. 뉴욕 요트클럽은 아메리카컵을 무려 132년 동안이나 들어올렸다.

그러다가 1983년 우승컵을 호주에 빼앗기고 말았다. 호주 사람들은 자국이 미국을 제치고 우승한 첫 국가라는 사실에 큰 자부심을 느꼈다. 그래서 많은 호주인이 미국 선수들에게 야유를 보냈고 그들이 호주를 떠날 때는 공항에서 세관원 몇 명이 우승컵을 놓쳤다고 비웃기도 했다.

나는 팀원들과 처음 호주를 방문했을 때 사람들을 친근하고 상냥하게 대하려고 노력했다. 여러 호주인과 악수도 하고 대화도 나누었다. 우리는 결국 실력 부족으로 예선에서 탈락했지만 우리가 호주 사람들에게 미국 팀과 미국인에 대해 더 좋은 인상을 남기는 데는 성공했다고 본다. 그들은 미국인이 예상 외로 그리 나쁘지 않다는 사실을 알게 되었으리라.

무례한 태도와 마찬가지로 존중심과 대비되면서도 우리가 극복해야 하는 것 중 하나가 바로 거절이다. 살다 보면 거절을 당하는 경우가 아주 많다. 나는 살아남기 위해 새로운 심장이 필요했을 때 진정으로 거절당하는 기분이 어떤 것인지 절절히 느꼈다. 미국에 있는 모든 심장센터에서 나를 환자로 받아주지 않았던 것이다.

당시 내 나이가 일흔한 살이다 보니 이식 수술의 혜택을 누리기가 어려웠다. 그렇지만 영국에 있는 한 외과의가 나를 환자로 받아주었다. 이것이 바로 인생이다. 비록 여러 명에게 거절을 당하더라도 신은 마지막 문을 열어 우리를 귀인에게로 인도한다.

뉴트리라이트 사업을 하던 시절 우리는 평균 네 명에게 전화를 걸면 그중 한 명은 제품을 구입한다는 사실을 알았다. 사업과 마찬가지로 인생에서도 대개는 사람들의 존중을 얻기 전에 여러 번 거절을 극복해야 한다. 그래도 자신과 다른 사람을 믿고 거절을 이겨내면서 그들에게 존중심을 보이면 머지않아 그들의 존중을 받게 된다.

사업을 시작한 지 오래되어서 그런지 아니면 천성이 그런 것인지는 잘 모르겠지만 나는 거절당하거나 누군가가 무례하게 굴어도 크게 신경 쓰지 않는다. 나는 항상 '예'라고 말하는 네 명 중 한 명에게 초점을 맞췄다. 내 고등학교 시절을 기억하는 친구들은 이런 말을 한다.

"야, 너는 그때도 항상 긍정적이었어. 언제나 애들을 이끌고 재미있는 일을 꾸미는 데 앞장섰잖아."

솔직히 말하면 내가 정말로 그랬는지 기억나지 않는다. 그런데 내가 그처럼 활발한 학생이었다고 기억해주는 사람이 많이 있다. 그것은 부모님이 나를 사랑과 존경이 가득한 환경에서 키워준 덕택이라고 확신한다. 가정에서 존중받는다고 느끼면 마음에 기쁨이 차오른다. 반면 집에서조차 존중받지 못한다고 느끼면 다른 사람에게 존중심을 표현하기가 대단히 어려워진다.

다른 사람에게 존중받지 못한다고 느끼면 긍정적이거나 자신 있는 모습을 보일 수 없다. 나는 좋은 성품을 길러 다른 사람들에게 존중받는 연습을 하라고 모두에게 권하고 싶다. 남에게 존중받는 것은 성공적인 미래를 위해 반드시 필요하며 우리 모두 그럴 힘을 갖췄기 때문이다.

누군가를 처음 만나면 질문하고 그 사람의 이야기에 귀를 기울이며 관심을 보여야 한다. 행동할 때도 다른 사람을 존중하는 마음으로 임하면 상대방뿐 아니라 스스로도 기분이 좋아진다.

오랫동안 리더의 역할을 맡아온 나는 다른 사람을 존중하는 마음은 리더가 필수적으로 갖춰야 할 핵심 자질이라고 생각한다. 함께 일하는 사람과 소비자를 존중할 줄 모르면 설령 비즈니스 기초 지식과 회사를 운영하는 법을 알더라도 소용이 없다. 사람들에게 존중받지 못할 경우 그 사람은 리더라고 볼 수 없기 때문이다.

나는 자신의 지위를 내세워 존중해달라고 요구하거나 격려보다 두려움을 자극해 사람들에게 동기를 부여하려 하는 리더들을 많이 봤다. 그러나 존중하는 마음은 그처럼 명령조로 얻어낼 수 있는 것이 아니다.

아마도 여러분 주위에는 여러 리더가 있을 것이다. 여러분이 존경하는 리더는 분명 여러분에게 관심을 보여줌으로써 존중받고 있을 가능성이 크다. 우리가 가장 존중하고 존경하는 상사는 우리의 이름을 기억해주고 해낸 일을 칭찬해주며 함께 담소를 나누거나 가족에 대해 질문을 하는 사람이다.

다른 사람의 존중을 받는 일은 어렵지 않다. 여기에 복잡한 기술이나 경영학 학위가 필요한 것은 아니다. 그렇지만 이것은 성공적인 리더십을 위해 반드시 필요하다.

부모는 가정의 리더로서 아이들의 이야기를 귀담아듣는 것은 물론 그들을 공정하게 대함으로써 존중심을 보여주고 아이들에게 존중을 받아야 한다. 교사는 교실의 리더로서 학생 개개인의 상황과 요구를 이해함으로써 그들에게 존중하는 마음을 표현해야 한다. 의사는 환자들에 관해 차트에 쓰인 내용 이외의 정보에도 관심을 기울임으로써 존중심을 표해야 한다. 이처럼 어느 조직의 리더든 다른 사람을 존중하는 마음을 표현하면 그들에게 존중받을 수 있다.

우리는 누구나 존중받길 원하고 또 존중받을 필요가 있다. 다른 사람에게 존중받길 원한다면 먼저 그들에게 관심을 보여 존중하는 마음을 표현해야 한다.

상대방에게 몇 가지 질문을 해보자. 그러면 그 사람은 자기 인생에서 자랑스러웠던 순간을 우리와 기꺼이 공유하려 할 것이다. 그 이야기를 듣다 보면 '당신을 존중합니다'라고 말할 만한 점을 찾아내 존중심을 표현함으로써 상대방의 존중을 받고 자존심도 키울 수 있다.

긍정적인 사람이 되기 위한
강력한 **10**가지 말

"사랑합니다"

"I LOVE YOU"
사랑합니다

누군가에게 온 마음을 다해 '사랑합니다'라고 말하는 것에는 놀랄 만큼 강력한 힘이 있다. 아내 헬렌이 내 인생을 풍요롭게 해주고 깊은 영향을 미쳤다는 사실로 볼 때 우리는 천생연분이라는 생각이 든다. 우리의 사랑은 시간이 지나면서 점점 커졌고 네 아이와 그들의 배우자, 손자손녀 열여섯 명과 그들의 배우자 그리고 증손자손녀 다섯 명에 이르는 대가족을 이루었다.

그 옛날 헬렌과 내가 서로 좋아하는 마음을 표현한 것이 얼마나 다행인가! 결혼한 지 60년도 넘었지만 우리는 아직도 처음 만난 날을 또렷이 기억한다. 그날 나는 그랜드래피즈 거리를 친구와 함께 차를 타고 지나가고 있었다. 그러다가 친구가 알고 지내는 매력적인 두 여학생(그중 한 명이 헬렌이다)이 걸어가는 것을 발견했다. 우리는 집까지 태워다주겠다고 제안했고 헬렌을 먼저 내려주었다. 헬렌이 차에서 내린 뒤 나는 같이 있던 친구에게 그녀의 이름을 물었다. 그 친구는 내 심리학 책에 헬렌의 이름과 전화번호를 적어주었다. 나는 표지 안쪽에 아내의 이름과 그녀가 당시에 쓰던 전화번호가 적힌 그 책을 아직도 간직하고 있다.

나는 헬렌에게 전화로 데이트를 신청했고 날씨가 좋은 어느 일요일 오후 함께 경비행기를 타러 갔다. 얼마 후 헬렌과 그녀 친구의 어린 두 딸이 부두에서 함께 산책을 했다. 헬렌은 그 근처에 사는 친구와 그녀의 딸들을 보려고 며칠 동안 놀러온 참이었다. 그녀는 아이들을 데리고 산책을 하다가 내가 제이와 함께 구입한 '살루드(Salud)'라는 배 옆을 지나갔다. 때마침 나는 부두에 정박해 있던 배에 타고 있었다.

나는 배에 기름을 채우기 위해 다음 부두로 갈 계획이었고 그녀들에게 배에 태워주겠다고 제안했다. 아이들이 뛸 듯이 기뻐하자 헬렌도 동의했다. 이후로 나는 헬렌을 자동차, 경비행기, 배에 태워주면서 열심히 데이트 신청을 했다. 머지않아 우리는 약혼했고 1년 뒤인 1953년 2월 7일 결혼식을 올렸다.

나중에 헬렌은 그 당시 나를 시건방진 사람으로 여겼다고 털어놓았다. 심지어 내 어머니도 헬렌에게 이렇게 충고했다.

"리치에게 기죽지 말고 당당하게 맞서려무나. 그렇지 않으면 우리 같은 여자는 디보스 가문의 남자들에게 이리저리 휘둘리고 말 거야."

그렇지만 헬렌은 자신이 건방지다고 생각한 것이 사실은 자신감이고, 수다스럽다고 여긴 것은 남과 교감하고 소통하는 능력이라는 것을 깨달았다. 누군가를 사랑하면 그 사람의 재능도 높이 평가하는 법이다.

항상 긍정적인 헬렌은 내게 큰 힘이 되어주었고 늘 나를 격려했다. 그녀는 독실한 믿음을 바탕으로 우리 가족은 물론 제이와 내 사업도 이끌어주었다. 아울러 우리가 인생에서 소중하게 여기는 가치와 진정으로 중요한 것에 초점을 맞추도록 돕기도 했다.

헬렌은 다른 사람에게 베푸는 데도 대단히 후하다. 남에게 베푸는 것이 사람으로서의 도리이자 신의 뜻을 따르는 행동이라고 여기기 때문이다. 실례로 나와 헬렌이 주도하는 여러 기부 프로젝트는 헬렌의 종교적인 믿음에서 비롯되었다.

헬렌은 내게 좋은 친구이기도 하다. 그녀는 가끔 "친구를 얻으려면 먼저 그 사람의 친구가 되어야 한다"라고 말한다. 헬렌 덕택에 우리는 집에 있든 밖에 나가 배를 타든 여행을 하든 언제나 친구들에게 둘러싸여 있다. 우리는 그 친구들과 어울리길 좋아하고 친구들끼리의 사이도 좋다.

'사랑합니다'라는 말은 우리가 지금까지 살펴본 다른 아홉 가지 말을 모두 아우르는 강력한 표현이다. 우리가 누군가에게 품는 좋은 감정은 분명 사랑의 일종이다. 그것이 로맨틱한 사랑이든 가족 간의 우애든 진한 우정이든 마찬가지다.

우리는 서로 사랑하며 살아야 한다. '사랑합니다'라는 말은 '당신을 존중합니다' 혹은 '당신의 능력을 믿습니다'라는 말보다 더 따뜻하다. 나아가 우리가 존경하고 소중하게 여기는 사람에게 애정을 더 부드럽게 표현하는 말이기도 하다. '사랑'이란 말에는 깊은 신뢰와 믿음이 담겨 있다. 이것은 다른 사람에게 말로 전할 수 있는 가장 강력한 애정 표현이다. 그런데 애석하게도 사랑한다는 말에 익숙한 사람은 많지 않다.

사랑에는 부부간의 사랑 외에도 여러 종류가 있다. 우리는 친하게 지내거나 우리 삶에서 중요한 역할을 하는 사람에게 사랑하는 마음을 전할 방법을 다양하게 찾아야 한다.

수년 전 나는 친한 친구의 격려로 다른 사람에게 사랑을 보다 자유롭게 표현하기 시작했다. 지금은 고인이 된 빌리 지올리는 가스펠 영화사(Gospel Films)의 창립자이자 내 오랜 친구였다. 그는 사람들에게 애정을 표현하는 데 전혀 스스럼이 없었다. 이탈리아인 특유의 기질 때문에 그랬던 것인지도 모르지만 빌리는 한 번도 누군가에게 다가가 꼭 안아주는 것을 부끄러워하지 않았다. 그는 내게도 사람을 만나면 안아주라고 했다. 빌리 덕택에 온 마을에 차츰 서로를 안아주는 분위기가 형성되었다. 물론 새로운 풍습을 받아들이는 사람도 있었고 그 변화를 탐탁지 않게 생각하는 사람도 있었다.

포옹을 하면 용기를 내 '사랑합니다'라는 말을 할 필요 없이 그 마음을 쉽게 전할 수 있어서 좋다. 내가 포옹에 어느 정도 익숙해진 뒤

한 것은 사랑한다는 말을 직접 하는 것이었다. 나는 간단히 'Love ya(I love you에 비해 좀 더 가벼운 표현 –역주)'라고 말하기 시작했다. 이 말은 주로 가족이나 친한 친구 사이에 쓰는 표현이다. 나는 우리 아이들이 친구들과 이야기할 때나 통화할 때 이 말을 쓰는 것을 자주 듣는다. 이것은 간단한 표현이지만 상대방에게 자신이 사랑받고 있음을 상기시키는 매력적인 말이다.

'Love ya'라고 말하는 것에 익숙해졌을 즈음 나는 쪽지나 편지를 끝맺을 때 이 말을 쓰기 시작했다. 'Sincerely(영어권 국가에서 '~ 올림' 정도의 의미로 편지 끝에 쓰는 맺음말 –역주)'라는 표현보다 더 강렬한 감정을 나타내고 싶었기 때문이다. 사실 'Sincerely'는 정확히 무엇을 뜻하는지 모르는 사람도 많지만 'Love ya'는 메시지를 확실히 전달한다. 이제는 이 말이 내 트레이드마크가 되었다.

'Love ya'는 상대방과 내가 특별한 사이임을 나타내준다. 따라서 이 한마디로 상대방과의 개인적인 관계, 즉 개인적인 유대를 강화할 수 있어서 무엇보다 좋다. 이 말은 굳이 다른 말을 덧붙이지 않아도 서로의 유대가 굳건하다는 것을 보여준다. 가령 "내가 그 자리에 참석하겠다고 했으니 정말로 참석할 거야. 내가 약속을 지키지 않을까 봐 걱정할 필요는 없어" 같은 말을 따로 하지 않아도 된다는 얘기다.

우리는 다른 사람에게 실제로 어떤 감정을 느끼고 있는지 생각하는 법을 배워야 한다. 그리고 그 감정을 표현하고 그들에게 '사랑합니다'라고 말할 수 있어야 한다. 사랑은 부부나 애인 사이에만 나누는 감정이 아니다. 우리가 표현해야 하는 사랑에는 다양한 종류가 있다.

제이가 세상을 떠난 뒤 나는 편지가 담긴 커다란 상자를 발견했다. 그 편지들은 제2차 세계대전이 벌어지는 동안 우리가 각자 외국에서 복무하고 있을 때 제이가 내게 쓴 것이었다. 나는 그 편지들을 다시 읽어본 다음 모두 제이의 아들 데이비드에게 주었다. 그가 그 편지를 갖고 싶어 할 것이라는 생각이 들었기 때문이다. 나는 데이비드에게 그 편지들을 읽고 나면 나와 제이의 관계를 더 잘 이해할 수 있을 거라고 일렀다. 또 우리의 우정이 어떻게 평생 지속될 수 있었는지 알게 될 것이라고 말해주었다.

나중에 데이비드는 편지를 읽고 큰 감동을 받았다고 알려주었다. 자기 아버지와 내 관계를 완전히 새롭게 이해했고 내가 자기 아버지에게 얼마나 소중한 존재였는지 알게 되었다고 했다.

언젠가 제이는 내게 사랑의 다양한 종류에 대해 이야기한 적이 있다. 로맨틱한 사랑, 부모와 자식 간의 사랑, 형제자매나 친한 친구 간의 사랑 등 사랑의 종류가 아주 많다는 얘기였다. 제이는 내게 쓴 편지에서 사랑의 일종인 감정을 표현했다. 자기 마음에 드는 내 특성들을 열거하며 나와 좋은 친구로 지내고 싶은 마음을 내비친 것이다.

제이는 '가장 아끼는 절친한 친구에게' 쓴 편지에 전쟁 때문에 수천 킬로미터나 떨어져 있던 친구를 사랑하는 마음을 담았다. 제이와 내가 편지를 주고받을 무렵 우리는 고등학교를 막 졸업하고 고향에서 멀리 떨어진 곳에서 복무하고 있었다. 우리는 둘 다 지구 어딘가에 친한 친구가 있다는 사실을 기억했다. 그리고 언젠가 고향으로 돌아가 같이 사업을 구상하고 큰 성공을 거둘 것이라는 희망을 품었다. 당시 제이에게 받은 편지들을 읽고 나는 그를 더욱더 깊이 신뢰했다. 그와 내가 동업관계를 맺기로 결정했을 때 그것은 탄탄한 우정의 연장선에서 나온 타당한 결정이었다.

수년 후 나는 제이에게 생일 축하 카드를 건네며 안에 이렇게 적었다.

"25년 넘게 함께하면서 그동안 서로 의견이 다른 적도 많았지만 우리에게는 늘 그것보다 더 강하게 빛나는 무언가가 있었어. 그것을 간단하게 표현할 만한 단어가 있는지 모르겠지만 상호 존중이라고 해도 좋을 것 같아. 어쩌면 '사랑'이 더 나은 표현인지도 모르고 말이야."

우리가 친구뿐 아니라 비즈니스 파트너로도 잘 지낼 수 있었던 이유 중 하나는 서로를 보완해주었기 때문이다. 제이는 집에 앉아 독서하는 것을 좋아하면서도 내가 외출한다고 하면 재미있는 일을 놓치고 싶지 않아 따라나섰다. 제이가 나를 따라오도록 오래 설득할 필요는 없었다. 그렇게 나는 제이가 모험을 더 즐기도록 하는 데 영향을 미쳤다. 제이가 나와 어울리기를 좋아한 것은 내가 그의 인생에 약간의 액션을 선사했기 때문이 아닐까 싶다.

그와 마찬가지로 나 역시 제이를 대단히 존경했다. 그는 지성인이자 매우 지혜로운 사람이었다. 그는 내가 모르는 많은 것을 알았고 훌륭한 학생이었으며 나보다 책을 훨씬 더 많이 읽었다. 그래서 우리

는 서로에게 좋은 영향을 받았고 서로를 존경하는 마음이 깊은 우정
이라는 테두리 안에서 사랑의 감정으로 자라났다.

'사랑합니다'라는 말은 특히 아이들에게 들려줄 때 그 효과가 강
력하다. 이 말을 들은 아이들은 보호받고 보살핌을 받는다고 느끼며
사람들이 자신을 믿어준다고 생각한다. 이 말을 해주는 사람은 아이
에게 정말 특별한 사람이 되는 셈이다.

사랑의 감정을 느끼면 '사랑합니다'라고 말해 그 감정을 표현해야
한다. 안타깝게도 자기 아이들뿐 아니라 다른 사람에게도 '사랑합니
다'라는 말을 절대로 하지 않는 사람들도 있다. 이들은 자신이 느끼
는 감정을 차마 말로 표현하지 못하거나 그러기 위해 노력 혹은 시간
을 투자하지 않는다.

이 책에서 소개하는 열 가지 말 중 어떤 것이든 마음속으로만 생각
하는 나쁜 습관은 고쳐야 한다. 우리는 '그 남자 정말 괜찮네, 그렇지
않아?'라고 생각할 때도 그에게 그런 말을 해주지 않는다. 콘서트를
잘 보고 난 뒤 집에 돌아갈 때 '정말 멋진 공연이었어'라고 생각하기
만 할뿐 그 느낌을 쪽지에 적지는 않는다. 우리는 감정을 글로 쓰거
나 개인적으로 전달할 줄 알아야 한다. 감정을 표현하는 습관을 들여
야 하는 것이다.

사랑을 표현해야 하는 가장 중요한 장소는 바로 가정이다. 우리는
배우자와 아이들에게 사랑을 표현할 줄 알아야 한다. 졸업식에 참석

하거나 아이들이 자기 인생을 개척하기 위해 집을 떠날 때 나는 기도를 올린다.

나는 모든 부모가 아이들을 잘 가르쳐 그들이 인생을 성공적으로 살아가는 데 필요한 가치를 심어주었기를 바란다. 또한 아이들이 사랑이 넘치는 가정을 바탕으로 멋진 인생을 설계할 수 있기를 기원한다.

단란한 가정에서 어린 시절을 보낸 나는 따뜻한 추억들이 많다. 우리는 어려운 일도 많이 겪고 경제적인 형편도 좋지 않았지만 모두 힘을 모아 고난을 헤쳐 나갔다. 돈이 부족한 적은 많았어도 사랑이 부족한 적은 한 번도 없었다. 돌이켜보면 대공황 시절에 할아버지, 할머니와 함께 산 것이 우리 모두를 가깝게 만들어주었던 것 같다. 나는 두 세대로부터 지혜가 담긴 이야기와 롤모델을 얻는 행운을 누렸다.

가족은 우리의 믿음과 가치의 토대로 작용한다. 부모님과 조부모님은 내게 종교적 믿음을 심어주었고 그것은 여전히 내 인생의 중심에 있다. 우리 가족은 내게 국가와 자유에 대한 사랑도 일깨워주었다. 우리 집은 소위 말하는 '아메리칸 드림'의 인큐베이터 역할을 했다. 나는 운 좋게도 부모님에게 나 자신의 능력을 믿으라고 배웠다. 부모님은 내가 국가가 제공하는 무한한 기회를 포착할 수 있도록 가르쳤다.

손자손녀에게 인생의 기본적인 교훈을 가르쳐보자. 그들에게 옳고 그름에 대해 이야기하고 우리 스스로 소중하게 여기는 가치를 알려주자. 그들의 롤모델이 되고 그들에게 우리의 인생 경험을 나누어주자. 탄탄하고 안정적인 가정을 일구는 데는 노력이 필요하지만 그만큼 보람도 크다. 각 세대에게 풍요로운 삶과 도덕적인 사회의 중심에 있는 믿음 및 가치를 전수할 수 있기 때문이다.

나는 물질적으로 누린 것은 적었지만 행복한 아이였다. 그리고 지금도 여전히 행복한 사람으로 살아가고 있다. 그동안 모은 재산이 대공황 시절 어린 아이였을 때에 비해 나를 특별히 더 행복하게 해주는 것은 아니다. 돈보다는 가족에 대한 사랑이 나를 행복하게 해준다.

나는 결혼한 지 60년이 넘었지만 아내가 곁에 있는 것에 여전히 감사한다. 나는 네 아이와 그들의 배우자가 자랑스럽다. 그들이 자신만의 단란한 가정을 일군 사실도 역시 자랑스럽다. 헬렌과 나는 손자손녀들이 자라는 모습을 즐거운 마음으로 지켜보았다. 그들이 성숙한 어른으로 성장해 세상에서 자기 자리를 찾아가는 모습은 정말 보기 좋았다. 우리는 증손자손녀가 다섯 명이나 된다는 사실 또한 기쁘게 생각한다. 우리는 매일 모두의 이름을 불러가며 그들을 위해 기도를 올린다.

결혼 혹은 가족과 관련된 친밀한 사랑은 누구나 알고 있다. 하지만 가족이나 친한 친구와 나누는 사랑 이외에 다른 종류의 사랑도 있음을 알아두기 바란다. 사랑은 다양한 형태로 나타난다. 우리는 상대방에게 맞는 방식으로 사람들을 각각 사랑할 수 있다. 예를 들어 자녀가 여러 명일 경우 그들을 저마다 약간 다른 방식으로 사랑하는 것이 가능하다. 치료에 고마움을 느껴 의사를 사랑할 수도 있다. 나는 나를 돌봐주는 심장 전문의 릭 맥나마라(Rick McNamara)를 사랑한다. 물론 그에게 그 사실을 거리낌 없이 말해줄 수 있다. 릭은 실력도 뛰어나고 나를 잘 보살펴준다.

우리는 친구들도 사랑할 수 있다. 앞서 말한 것처럼 우리 집에서는 'love ya'라는 표현을 자주 사용한다. 이제는 내 친구들 중에 나를 따라 내게 그렇게 말해주는 친구도 있다. 테네시 주의 어느 작은 마을에서 사업을 하는 친구는 나와 통화한 후 전화를 끊을 때마다 'love ya'라고 말한다.

우리는 친구 간에도 다른 종류의 사랑, 즉 서로를 존중하고 존경하는 마음을 기반으로 한 사랑을 나눌 수 있다. 우리는 사랑의 다양한 유형을 알고 각자에게 맞춰 그들을 사랑해야 한다.

인생에서 특별했던 시간이나 장소도 사랑할 수 있다. 졸업한 지 수십 년이 지난 후에도 자신이 다니던 고등학교 또는 대학교에 강한 애정을 보이는 사람이 많다. 나 역시 아직까지도 내가 다닌 고등학교를 진심으로 사랑한다. 내 인생에 긍정적인 영향을 준 선생님에게 감사하는 것은 물론 학생들을 아끼고 격려한 학교의 분위기도 감사하게 생각한다.

헬렌과 나는 내 모교인 그랜드래피즈 기독교 고등학교가 예술 및 예배 센터(Center for Arts and Worship)를 짓는 데 앞장섰다. 그전까지는 학생들이 예배나 연극 등의 공연을 보기 위해 다 같이 모일 수 있는 장소가 없었다. 학교의 연극과 음악 프로그램은 훌륭했으나 공연 시설이 낡고 비좁았다. 다행히 우리의 기부와 지역사회의 놀랍도록 후한 지원 덕택에 학생들에게 아름다운 강당뿐 아니라 분장실과 리허설 홀도 생겼다. 학생들은 이제 앞 다퉈 능력을 최대한 뽐내고 있다. 새로운 시설이 학생들이 갖춘 잠재적 재능을 외부로 표출하도록 만든 것이다. 학부모와 지역 주민들은 강당 덕분에 한층 수준 높은 공연을 즐기게 되었다.

내게 정말 많은 것을 안겨준 고등학교를 위해 그런 선물을 해주면서 나는 특별한 감회를 느꼈다. 학교 로비에는 제이의 A형 포드 자동차 모형이 전시되어 있다. 제이는 그 차로 나를 학교까지 데려다주었고 우리는 그 차 안에서 언젠가 함께 사업할 날을 꿈꾸곤 했다.

물론 나는 절대로 모교나 그곳에서 내게 긍정적인 영향을 준 사람들에게 받은 만큼 보답하지는 못할 것이다. 그래도 그랜드래피즈 기독교 고등학교의 전통이 계속 이어지고 미래의 기업가나 지역사회 리더가 내가 다닌 학교에서 인생의 중요한 단계를 보낼 것이라는 생각에 마음이 따뜻해지고 힘이 난다.

나는 정이 많은 지역사회의 중요성을 잘 알고 있으며 내가 그런 지역에서 살고 있음을 행운으로 여긴다. 수년 전 나는 《미시건 주 서부 지역에 관하여(West Michigan Visions)》라는 사진이 많이 실린 가벼운 책의 본문을 써달라는 부탁을 받았다. 이런 책은 대개 미국 전역의 여러 지역사회를 소개하고 그곳의 수려한 자연 경관, 레크리에이션, 무역, 미술 등을 다룬 포토 에세이로 채워진다.

나는 글을 쓰면서 내가 미시건 주 서부지역을 사랑하는 여러 가지 이유를 집어넣었다. 가령 배를 타기에 좋은 호수, 친절한 주민들이 사는 작은 마을, 삶의 질을 높여주고 우리가 생계를 유지하도록 돕는 기업가들에 관한 이야기를 썼다. 이러한 책에서는 보통 지역사회에 대한 글쓴이의 자부심이 드러나지만 나는 그 감정이 사랑에 더 가깝다고 생각한다.

1970년대에 주민과 기업들이 교외로 나가는 바람에 그랜드래피즈 시내는 쇠락의 길을 걸었다. 그때 그랜드래피즈 교외에 호텔을 건설하자는 논의가 있었는데 제이와 나는 암웨이 사업의 일환으로 교외가 아닌 시내에 있는 호텔을 리모델링하기로 결정했다. 그곳은 우리가 사랑하는 고향으로 우리의 마음속에 특별한 존재로 자리 잡고 있었기 때문이다. 그 결정은 그랜드래피즈 시내가 부활하는 시발점이 되었고 성장은 여전히 계속되고 있다.

사람들은 지금까지도 내게 다른 지역에 가지 않고 우리 지역사회에 투자해줘서 고맙다고 말한다. 물론 우리는 다른 지역에도 관심이 있지만 가장 큰 관심을 기울이는 곳은 바로 그랜드래피즈다. 기업 투자 측면에서 우리는 고향에서 사업을 시작해 그 규모를 확장해 나갔다. 한때 우리는 미시건 주 교외에 커다란 물류센터를 건설할까 하는 생각도 했다. 전국적인 규모로 조사한 결과 세금을 비롯해 여러 가지 혜택을 최대한 누리기 위해서는 남쪽에 있는 주(州)로 이전해야 한다는 결론이 나왔다. 하지만 우리는 그랜드래피즈에 머물기로 결정했다. 우리의 고향이 그곳이었기 때문이다.

그 결정을 비롯해 우리가 그랜드래피즈에서 진행한 여러 프로젝트가 우리에게 고향이 더 나은 곳으로 발전하도록 도울 기회를 안겨 주었다는 사실에 마음이 훈훈해진다.

세상은 여러 가지 긍정적인 일과 부정적인 일이 한데 뒤섞여 일어나는 드넓은 곳이다. 그 공간에서 우리가 할 일은 자신이 딛고 있는 곳이 더 나아지도록 만드는 것이다. 우리는 삶의 터전에서 사람들의 긍정적인 태도를 유도하고 일자리를 창출하며 지역사회가 더 나은 곳이 되도록 이웃이나 친구들과 협력해야 한다.

지역사회 발전을 주도하는 것은 경제 성장이지만 고향을 아끼는 마음도 사람들에게 동기를 부여하는 한 가지 요소다. 고향을 떠나는 대신 자신이 자란 곳에서 계속 사는 사람이 더 많은 것은 사람들이 지역사회에 애정이 있기 때문이다. 우리 아이들이 최고 학교에 다니고 시민이 질 높은 의료 서비스를 받았으면 좋겠다는 생각도 지역사회에 대한 애정에서 나온다.

우리가 각자의 지역사회를 아끼는 데는 여러 가지 이유가 있다. 사이좋게 지내는 친구와 지인, 자신이 결혼한 교회, 집안에 경사가 있을 때마다 찾는 레스토랑, 동네를 거닐 때 드는 기분 등이 그 이유가 될 수 있다. 예수님은 우리에게 이웃을 자신만큼 사랑하라고 가르쳤다. 그런 이웃들이 모여 사는 동네에서 살고 싶지 않은 사람은 아무도 없을 것이다.

나는 내가 설립한 사업체들을 사랑한다. 제이와 내가 함께 세운 암웨이 역시 사랑한다. 우리는 암웨이를 작은 지하실에서 시작했지만 이제 암웨이는 전 세계적으로 많은 사람에게 수입과 희망을 안겨주는 기업으로 성장했다.

암웨이는 여전히 가족 사업이고 올랜도 매직 역시 가족 사업이다. 우리 가족은 지금도 회사가 돌아가는 상황을 매일 관리한다. 우리의 사업체와 일을 사랑하기 때문이다. 나는 항상 내가 하는 일을 좋아했다. 그래서 단 하루도 일을 한다는 느낌이 들지 않았다. 출근하기가 싫었던 적이 한 번도 없었고 언제나 일하러 가는 느낌이 들지 않았다는 얘기다. 일하면서 어려운 상황에 놓였을 때도 '일은 기분 좋은 경험'이라는 생각에 변함이 없었다.

나는 우리가 조국을 위하는 마음도 더 많이 표현해야 한다고 생각한다. 헬렌과 나는 2003년 7월 4일 필라델피아에 개관한 국립헌법센터(National Constitution Center)의 전시회장을 위해 큰돈을 기부했다. 이곳은 미국 헌법을 기리고 설명하는 최초의 박물관이 되었다. 우리는 오늘날을 살아가는 젊은이와 미래의 후손이 우리가 누리는 자유와 목숨을 걸고 그것을 지킨 사람들에게 고마움을 느끼길 바랐다.

나는 제2차 세계대전에 참전해 미국 육군 항공대에서 복무했다. 그 전쟁에서 미국의 젊은이 수천 명이 우리가 누리는 자유를 위해 목숨을 바쳤다. 우리는 미국인이 어떤 목표를 세우든 그것을 달성할 수 있으리라는 생각을 품고 조국으로 돌아왔다.

나는 미국의 민주주의와 자유기업체제를 강력하게 옹호했다. 당시만 해도 세상 사람의 절반이 공산주의와 사회주의 국가에 살고 있었고 그들은 자유를 누리지 못했다. 제이와 나는 '암웨이'라는 이름도 'American Way(미국의 방식)'를 조합해서 지었다. 미국의 경제체제가 세계에서 가장 뛰어나고 사람들이 마음껏 자기 사업을 할 자유를 원한다고 생각했기 때문이다.

물론 미국에도 여느 국가와 마찬가지로 문제가 많고 역사적으로 오점도 있다. 그렇지만 나는 내 애국심이 투철하다는 사실이 뿌듯하다. 나는 이민자들이 미국 시민권을 취득한 뒤 자랑스러워하는 모습을 보면서 자랐다. 미국 국민은 국기를 보고 경례하거나 국가를 부르는 것을 부끄러워하지 않았다. 또한 대통령이 마음에 들지 않거나 그의 정책이 마땅치 않더라도 존경을 표했다. 이는 자신이 지지하는 정당에 속하지 않은 대통령이 당선되더라도 마찬가지였다.

긍정적인 사람이 가득한 긍정적인 사회를 원한다면 국민과 조국을 사랑하는 방법을 찾아야 한다. 우리가 민주주의 원칙과 '할 수 있다'는 신조 덕택에 자유와 경제적 이득을 누리고 있음을 잊지 말자.

사랑은 우리 주위의 어디에든 존재한다. 우리는 그 사랑을 찾고 키워야 한다. 배우자, 가족, 친구, 지역사회 등을 위한 사랑을 실천해보자. 마음속으로만 사랑하지 말고 '사랑합니다'라고 직접 입 밖으로 표현해보자. 나중에 그 말을 하지 않았다고 후회해봐야 소용없다. 기회가 닿을 때마다 사랑하는 사람들에게 진심을 담아 '사랑합니다'라고 말해야 한다. 우리 모두 마음을 열고 '사랑합니다'라고 말해보자.

아니면 존경하거나 소중하게 여기는 사람에게 'Love ya'라고 간단하게 말해보자. 그것도 어렵다면 누군가를 안아주어도 좋다. 있는 힘껏 따뜻하게 안아주기 바란다.

우리가 지금까지 살펴본 열 가지 말을 충분히 사용한다면 우리는 가정, 지역사회, 세상을 더욱 살기 좋은 곳으로 만들 수 있을 것이다.

감사의 말

이 책을 통해 내 인생에 긍정적인 영향을 준 모든 분에게 감사를 드린다.

그중에서도 특히 더 감사한 사람들이 있다. 우선 내 아내이자 한결같이 내 곁을 지켜주는 긍정적인 파트너 헬렌에게 감사의 인사를 전하고 싶다. 헬렌은 이 책을 훌륭하게 편집해주는 수고도 마다하지 않았다.

사랑하는 아이들과 그들의 배우자에게도 고맙다는 말을 하고 싶다. 나를 꾸준히 성원해준 딕과 벳시, 댄과 파멜라, 셰리, 더그와 마리아에게 감사의 마음을 전한다.

아울러 이 책에 내 생각을 담아내도록 도와준 마크 롱스트리트(Mark Longstreet)와 이 책을 쓰는 동안 끊임없이 격려해주고 처음부터 끝까지 이끌어준 킴 브루인(Kim Bruyn)에게도 감사한다.

긍정적인 사람이 되기 위한

강력한 10가지 말

1판 1쇄 찍음 2016년 6월 24일
1판 7쇄 펴냄 2024년 1월 10일

지 은 이 리치 디보스
옮 긴 이 황선영
펴 낸 이 배동선
　　　　　마케팅부/최진균
펴 낸 곳 아름다운사회
출판등록 2008년 1월 15일
등록번호 제2008-1738호
주　　소 서울시 강동구 양재대로 89길 54 202호(성내동) (우: 05403)
대표전화 (02)479-0023
팩　　스 (02)479-0537
E-mail assabooks@naver.com

ISBN : 978-89-5793-189-9 03320

값 12,000원